全国高等教育
“十四五”部委级规划教材

精读《大学》与文化自信

邵龙宝 游昀之·主编

東華大學出版社
·上海·

图书在版编目（CIP）数据

精读《大学》与文化自信 / 邵龙宝，游昀之主编 . 上海 ：东华大学出版社，2024. 12. -- ISBN 978-7-5669-2400-1

Ⅰ. B222.15

中国国家版本馆 CIP 数据核字第 2024F5K665 号

精读《大学》与文化自信

JINGDU《DAXUE》YU WENHUA ZIXIN

邵龙宝　游昀之　主编

责任编辑 / 李　晔
装帧设计 / 静　斓
出版发行 / 东华大学出版社有限公司
地址：上海市延安西路 1882 号　邮编：200051
电话：021-62193056
网址：http ://dhupress.dhu.edu.cn/
印　　刷 / 上海颛辉印刷厂有限公司
开　　本 / 710mm × 1000mm　1/16 开
印　　张 / 12.75
字　　数 / 228 千字
版　　次 / 2024 年 12 月第 1 版
印　　次 / 2024 年 12 月第 1 次印刷

ISBN 978-7-5669-2400-1　　定价：78.00 元

序

在人类文明的历史长河中，我们从原始的曙光中起步，穿越游牧的广袤，耕耘农业的沃野，驾驭工业的巨轮，如今已迈入信息时代，并朝着智能化与金融文明的未来迈进。在这“百年未有之大变局”的关键时刻，中国正面临前所未有的新问题与挑战。

全球各地，不同民族纷纷踏上寻根之旅，追溯各自曾经的辉煌岁月，探寻独特的智慧之光，以及那支撑心灵的精神力量。而中华民族，在站起来、富起来的伟大征程中，正坚定迈向强起来的辉煌道路，但同时，也面临着国际与国内复杂多变的局势所带来的挑战。习近平指出：“自古以来，中华文明在继承创新中不断发展，在应时处变中不断升华，积淀着中华民族最深沉的精神追求，是中华民族生生不息、发展壮大的丰厚滋养。”中华优秀传统文化饱含着人类文明的生存智慧。

“四书五经”是中国人智慧的结晶，是中华民族宝贵的精神财富，是中华文明的核心典籍。“四书”是指《大学》《中庸》《论语》《孟子》；“五经”是指《周易》《尚书》《诗经》《礼记》《春秋》。“四书”可以说是“五经”的浓缩，《论语》是“四书”的核心，《大学》作为“四书”之首，是学习儒家经典的入门之作。先读《大学》，有助于我们深刻把握中华优秀传统文化的核心思想观点与整体框架。这部典籍文辞简练而意蕴深远，对塑造中国人的思想和行为、塑造中华民族的精神风貌产生了持久而深远的影响。两千多年来，无数文人墨客、士人君子正是通过研习《大学》，找到了通往儒家学问殿堂的阶梯。中华优秀传统文化正是基于内圣外王之道，内圣强调修身养性，外王则追求齐家、治国、平天下的崇高境界。孙中山先生曾经说："我们现在要能够齐家、治国，不受外国的压迫，从根本上便是要从修身起，把中国固有的智识、一贯道理先恢复起来，然后中华民族的精神和民族的地位才可以恢复。"这恰恰符合《大学》中所强调的"壹是皆以修身为本"的这一原则。

《大学》是一部深邃的经典，它教导我们如何塑造个人的品德与修养。其核心宗旨在于弘扬高尚的道德情操，引领我们摒弃旧习，追求新的自我。通过不断修养与提升，我们能够使今日的自己超越昨日的局限，让明日的自己更加卓越，从而达到自我完善的至高境界。这部典籍不仅传授了做人的智慧，更是我们追求内在完善与心灵成长的宝贵财富。《大学》的框架结构即"三纲领""七证""八条目"。先提出"明明德""亲民""止于至善"三条纲领，接着指出"七证"，即"知止而后有定，定而后能静，静而后能安，安而后能虑，虑而后能得"。意思是能够知其所止，确定理想的目标，止于至善，然后才有定力，意志才能坚定，意志有了定力，心才能沉静下来，心沉静下来就不会妄动，心不妄动，方能随遇而安、安之若素，如此才能处事精当、思虑周详，做到思虑周详，才能有所收获，达到至善的境界。这是"孔孟心法"，也可以说是现代学习方法论。接着又提出格物、致知、诚意、正心、修身、齐家、治国、平天下八个条目。物格而后知至，知至而后意诚，意诚而后心正，心正而后身修，身修而后家齐，家齐而后国治，国治而后天下平。如此推理非常严密，阐发的是古今通理，只有通过对万物的认识和研究才能获取知识，只有获取了知识后意念才能真诚，意念真诚后心思才能端正，心思端正后自身品德才能修养好，自身品德修养好后家族才能整顿好，家族整顿好后邦国才能治理好，邦国治理好后天下才能太平。这就是《大学》阐发的内圣外王之道。新儒家代表人杜维明先生曾说"没有看过《大学》的人，就没有资格做北大人"，他深入剖析了《大学》中的两个核心思想逻辑。首先，《大学》并不遵循西方排他性的二分法，而是强调本末之分，即事物的本质与表象之间的辩证关系。其次，《大学》中的修身、齐家、治国、平天下的理念并非简单的线性发展，不是单纯地从A到B，再到C到D的递进。相反，它展现了一个更为复杂且相互渗透的层次结构。具体而言，从A到B，B不仅包含了A，更涵盖了AB的整合；从B到C，C则蕴含了ABC的集合；以此类推，D则凝聚了ABCD的全部精髓。在这一过程中，A即修身，始终贯穿始终，成为其他层次得以建立的基础。然而，修身之路并非坦途，其难度随着层次的提升而加大，但放弃却从不在考虑之中。他坚信，人生在世，学做人、培养完善人格乃是至关重要。而《大学》所倡导的，正是通过内在修养，实现自我尊严，达到身心合一、仁者自爱的境界。在此基础上，人们方能关爱他人，进而承担起齐家、治国、平天下的责任。《大学》虽篇幅有限，却构建了一个宏大的中华传统文化框架，这一框架不仅涵盖了自我修养，更涉及了人与人的关系、天下观念、宇宙观和人生观等丰富的儒家思想理念。

早在 2014 年 10 月 13 日，习近平在中共中央政治局第十八次集体学习时就谈到学习历史传统和《大学》经典的重要意义。习近平在这次讲话中有这样一个基本精神：历史进程和改进的是手段和方法，不变的是人类社会对光明大道、对至善目标的追寻。……昨天、今天、明天，过去、现在、未来，三点连成一线，串联出历史发展的惯性和趋势。制度方法探索变迁可以超越，价值理念从古至今一脉相承，“知止而后有定”，目标的确定才是道之所在。而我们当今社会的目标确定，就是“中国梦”的理想实现，就是中华民族伟大复兴的光荣实现。……中国道路源自以史为鉴的道路进步，中国模式来自立足本土的模式发展，中国文化源自古为今用的文化传承，中国精神承自源远流长的中国精神志气，这便是我们在今天的一份道路自信、理论自信、制度自信，更是我们在走向中华民族伟大复兴过程中的文化自信。

大学生深入研读《大学》之作，旨在增进对中华优秀传统文化的深刻理解和内在涵养，进而提升个人的文化自觉与修养水平。这一过程不仅是对传统文化的传承与弘扬，更是对个人精神世界的丰富与升华。

游昀之
2023 年 12 月 3 日

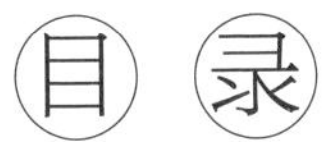

目录

001/ 绪论 精读《大学》与文化自信

017/ 第一章 大学之道

019/ 第一节 原文释义

021/ 第二节 授课讲义

031/ 第二章 古之欲明明德于天下者

033/ 第一节 原文释义

034/ 第二节 授课讲义

057/ 第三章 物格而后知至

059/ 第一节 原文释义

060/ 第二节 授课讲义

075/ 第四章 所谓诚其意者

077/ 第一节 原文释义

078/ 第二节 授课讲义

089/ 第五章 所谓修身在正其心者

091/ 第一节 原文释义

092/ 第二节 授课讲义

101/ 第六章 所谓齐其家在修其身者

103/ 第一节 原文释义

104/ 第二节 授课讲义

117/ 第七章 所谓治国必先齐其家者

119/ 第一节 原文释义

121/ 第二节 授课讲义

139/ 第三节 “齐家之道”的传承

151/ 第八章 所谓平天下在治其国者

153/ 第一节 原文释义

158/ 第二节 授课讲义

绪　论

精读《大学》与文化自信

一、精读《大学》的目的和意义

习近平总书记在《中共中央关于党的百年奋斗重大成就和历史经验的决议》中指出："中华优秀传统文化是中华民族的突出优势，是我们在世界文化激荡中站稳脚跟的根基，必须结合新的时代条件传承和弘扬好。"中华优秀传统文化是中华民族的精神命脉。我们要汲取中华优秀传统文化中的营养和智慧，在创造性转化和创新性发展中展现中华优秀传统文化的独特魅力。

（一）在伟大的时代读伟大的经典

今天，我们身处一个伟大的时代，这样的时代要求我们研读那些同样伟大的经典。"四书五经"无疑是中国人的瑰宝，它们凝聚了两千多年来中华文明的智慧精髓，许多核心理念早已深入人心，成为我们社会的共识。所谓"伟大的经典"，不仅具有典范性和权威性，更是历经岁月洗礼而依旧熠熠生辉的传世之作。这些伟大的经典是由历史筛选出的"最有价值"的书籍，是我们宝贵的文化遗产。"四书五经"作为中华优秀传统文化的根基，是中华民族精神的文化之源，深深扎根于每一个中国人的文化基因之中。作为新时代的大学生，倘若缺乏对这些经典的深入阅读和理解，就难以形成坚定的文化认同、文化自觉和文化自信，更难以在精神上找到坚实的依托。没有深厚的经典阅读基础，我们将难以真正理解社会主义核心价值体系的深刻内涵，也难以在政治德性上达到更高境界。而这一切，都将影响我们如何将道德理性内化为一种崇高的情怀、独特的精神气质和深邃的思维方式。因此，让我们珍视这些伟大的经典，用心去阅读、去感悟，让它们成为我们人生旅途中的灯塔，照亮前行的道路。

（二）学习贯彻“四个讲清楚”，坚定文化自信

2013年8月，习近平总书记在全国宣传思想工作会议上提出“四个讲清楚”的重要论断。2013年11月，习近平总书记在山东考察期间强调，一个国家、一个民族的强盛，总是以文化兴盛为支撑的，中华民族伟大复兴需要以中华文化发展繁荣为条件。“四个讲清楚”的内涵：一是要讲清楚每个国家和民族的历史传统、文化积淀、基本国情不同，其发展道路必然有自己的特色；二是要讲清楚中华文化积淀着中华民族最深沉的精神追求，是中华民族生生不息、发展壮大的丰厚滋养；三是要讲清楚中华优秀传统文化是中华民族的突出优势，是我们最深厚的文化软实力；四是要讲清楚中国特色社会主义根植于中华文化沃土、反映中国人民意愿、适应中国和时代发展进步要求，有着深厚历史渊源和广泛现实基础。为了有效地传递我们的声音，讲好中国故事，我们首先要深入理解并明确“四个讲清楚”的核心要义，并全面理解中国特色社会主义道路自信、制度自信、理论自信与文化自信之间的紧密联系，从而更加客观地把握我们制度的独特性和优势。

那么，文化自信是怎么提出来的？2014年2月24日，习近平在中共中央政治局第十三次集体学习中提出要“增强文化自信和价值观自信”。在之后的两年中习近平又多次对此进行论述：“增强文化自觉和文化自信，是坚定道路自信、理论自信、制度自信的题中应有之义。”2016年7月1日，习近平在庆祝中国共产党成立95周年大会上的重要讲话中指出“文化自信，是更基础、更广泛、更深厚的自信”。

比文化自信更早提出的相关概念是文化自觉，这是著名社会学家费孝通先生提出来的。他说：“一国的国民应该对自己的文化是怎么来的，有什么特征，有什么优长和缺失，未来朝什么方向发展等有一个尽可能明晰的

了解和认识。不仅对自家的文化，对他国文化，尤其是西方文化是怎么来的，有什么特征，有什么优长和缺失，未来朝什么方向发展也应该尽可能有明晰的了解和认识。”这就是他所说的文化自觉。费孝通提出的这个文化自觉的要求实际上是一个很高的标准，真正要做到很不容易。文化自信，即基于对文化自觉的深度认知，所形成的一种对自身文化生命力的坚定信念。这种自信并非凭空而来，而是深深扎根于文化自觉之中。从更深层次看，文化自觉本身就蕴含着文化自信的精髓，二者相辅相成，互为支撑，共同构成了文化发展的强大动力。对于我们大学生而言，无论所学的专业是什么，都应该树立文化自觉和文化自信的文化价值观，展现出积极向上的精神风貌。这不仅是个人成长的需要，更是对国家和民族文化的传承与弘扬。通过培养文化自觉和文化自信，我们能够更好地理解和欣赏中华文化的独特魅力，为国家的文化繁荣和民族振兴贡献自己的力量。

要深入理解中华文化，必须认识到它拥有着一以贯之、从未中断的五千年悠久历史和璀璨文化。相比之下，世界上许多其他文明，如玛雅文明和巴比伦文明，都曾在历史的洪流中逐渐消亡。然而，中华文明却以其独特的生命力延续至今，这主要得益于其极强的包容性。中华文明能够将56个民族紧密地团结在一起，展现出一种超越血缘、地域和信仰的凝聚力。这种凝聚力正是源于中华文明中的“和合”精神，即强调和谐与融合，追求整体的和谐与繁荣。在这种文化精神的指引下，我们始终倡导“家和万事兴”，坚信只有家庭和睦，社会才能和谐稳定。

1405年7月11日，明代的“三保太监”郑和率领200多艘战船，载着2.7万余名壮士，开始了七下西洋史诗般的航程。到1433年，他的船队远涉太平洋、印度洋、大西洋，最远到达红海和非洲东海岸，航程遍及30多个国家和地区。自郑和下西洋87年后，才有意大利人哥伦布于1492年横渡大西洋，到达美洲新大陆，继而葡萄牙人达·伽马于1497年绕过非洲南端的好望角，抵达印度西海岸，部分航线与郑和先前的航行有所重合。郑和七次下西洋的壮举，在当时无疑彰显了明朝海军的巅峰实力，其舰队规模之庞大、装备之精良，堪称世界之最。然而，值得一提的是，在郑和的航行历程中，他始终坚持和平友好的外交原则。无论航行至何处，郑和都严格遵循不伤害无辜百姓、不侵占他国领土的准则。他的高尚品德和卓越智慧赢得了沿途各国的广泛赞誉，各国使臣纷纷慕名而来，跟随郑和的脚步，觐见明朝的皇帝，共同见证了这段中外交流史上的辉煌篇章。

中华文化独具一格，其显著特点之一便是道德人文精神。早在两千多年前的周代，当周朝取代商朝之际，周朝的统治者便深刻洞察到，国家的兴衰并非由统治者一己之力裁决，而是取决于其行为是否真正惠及百姓，是否具备高尚的道德品质。这种对道德行为的自觉追求，正是人文主义精神的早期萌芽。相较之下，西方的人文主义精神则源于 14 世纪意大利的文艺复兴运动，而我们的道德人文主义精神则早已在两千多年前的周代生根发芽。作为大学生，我们有必要深入了解并珍视这一独特的文化传统。中华文化强调的不是外在的超越，而是内在的道德修养与自我完善。我们追求的是活在人民心中，通过立德、立功、立言来实现人生的不朽价值。这种道德人文主义的理念，正是我们与西方文化的根本区别所在。

为此，我们要了解中国文化的特征，要了解中华优秀传统文化的经典，要懂得中华优秀传统文化的基本常识和基本理论，譬如什么是“四书五经”，什么是儒释道，什么是中华民族精神等。这就是文化自觉，由此才能确立文化自信的文化价值观。

文化自信，作为增强文化软实力的核心动力，它不仅源于深厚的民族文化底蕴，更是推动社会进步的精神力量。这种自信涵盖了民族文化、独特的生活方式、深邃的意识形态以及国民间坚不可摧的凝聚力，共同铸就了一种精神上的向心力。文化自信，它体现在每一个中国人、每一位中国公民对中华五千年文明的深切敬仰，对新民主主义文化和有中国特色社会主义文化的坚定信仰。同时，它也体现在对马克思主义中国化的伟大成果——“四个全面”、“五位一体”以及“新发展理念”等习近平新时代中国特色社会主义思想的深入学习和积极践行上。这些新思想、新理念、新战略不仅成为我们行动的指南，更是推动我们不断前进的动力源泉。文化自信的构建，深植于两个坚实的根基之上。首先，我们要确立立党立国的根本指导——马克思主义理论，特别是历史唯物主义和马克思主义中国化的丰硕成果。这些理论不仅为我们提供了科学的世界观和方法论，更为我们的国家和民族发展指明了方向。其次，我们要夯实中国人文化生命体的根基——中华优秀传统文化及其儒道经典。这些经典文化凝聚了中华民族的智慧与力量，是我们民族的瑰宝和灵魂。通过深入研究和传承这些文化经典，我们能够更好地理解和把握自己的文化根源，从而更加坚定文化自信。在这两个根基的支撑下，我们将不断推动文化创新与发展，为实现中华民族伟大复兴的中国梦贡献力量。

文化自信，作为一个国家、一个民族的灵魂，其重要性不言而喻。民无信不立，它不仅是人民对党和政府深深信赖的体现，更是对自身民族文化无条件的坚信与骄傲。它扎根于对中国特色社会主义道路、理论和制度的坚定信念之中，这种信念如磐石般坚固，不可动摇。文化自信应当深深烙印在每一位士人——即知识分子、大学生、研究生的心灵深处，成为他们人格中不可或缺的灵魂部分，一种坚定不移的信仰。这种信仰将激励他们在学术道路上勇往直前，为国家的繁荣富强贡献智慧和力量。

《论语·泰伯篇》中有一句话：“士不可以不弘毅，任重而道远。仁以为己任，不亦重乎？死而后已，不亦远乎？”今天的大学，师生胸怀不可以不宽广，意志不可以不坚定。为什么呢？因为重任在肩。那么是什么重任呢？以实现仁爱作为自己的使命和担当。这种仁爱就是忠恕之道，是

“己欲立而立人，己欲达而达人”“己所不欲，勿施于人”，自己想要好，创造条件让别人也好；自己想发达，创造条件使得别人也发达；自己不喜欢的事情，不要强加于人。实现“仁爱”还有一层意思是“博施于民而能济众”，也就是全心全意为人民服务。担当如此大任，肩上的担子还不重吗？直到死始终如一地为了实现这一使命和责任奋斗不止，难道道路还不遥远吗？这种对信仰的执着就是中华优秀传统文化的精华与马克思主义崇高的价值理念、历史唯物主义的时代精神的融合。文化自信在今天的表述就是坚定不移地实现中国梦和中华民族伟大复兴。

（三）确立中国人之为中国人的做人的信仰

文化自信，归根结底是道德的自信，它体现了道德人格的确立，展现了良知的彰显。孔子曾经请教老农：“什么是诚信？”老农回答道：“不精不诚不能动人，精诚所至金石为开。强哭者虽悲不哀，强怒者虽严不威，强亲者虽笑不和。”《礼记·中庸》中有：“诚者天之道也，诚之者人之道也。”认为“诚”是天的根本属性，努力求诚以达到合乎诚的境界则是为人之道。又说“诚者，物之终始，不诚无物”认为一切事物的存在皆依赖于诚。孟子也说“是故诚者天之道也，思诚者人之道也”（《孟子·离娄上》），还说“反身而诚，乐莫大焉”(《孟子·尽心上》)，认为反省自己以达到诚的境界，就是最大的快乐。荀子虽“不求知天”，但也把“诚”看作是进行道德修养的方法和境界。

（四）为了提升人文素养

我国作为一个人文资源极为丰富的国家，大学生应当积极汲取中华优秀传统文化中的人文精华。在增强人文底蕴的过程中，首要任务在于不断提升自身的文化素养和道德修为。孔子说：“古之学者为己，今之学者为人。”（《论语·宪问篇》）加强人文学习并非仅仅为了装点门面或外在形象，而是为了真正充实自己，使个人的言谈举止达到文明的标准，能够深入践行社会主义核心价值观，从而成为一名真正的文明人。陆九渊更进一步说：“多就血脉上感移他，……从肝肺中流出。”（《陆九渊集卷三十四·语录上》）宋代的儒学大家程颐曾说：“如读论语，未读时是此等人，读了后又只是此等人，便是不曾读。”读经典是为了改变气质，如果读后自身的气质没有发生什么变化，这书等于白读了。读书要使自己融到书里去。朱熹（世人尊称其朱子）他这样告诫我们：“是将自个己身入那道理中去，渐渐相亲，与己为一。”朱熹还说，读古书的目的是“变化气质”：“变”是改变，在改变客观世界的同时改变主观世界。“化”是转化，主要指在转化客观世界的同时转化我们自己的身心状况。“气”本指宇宙人生赖以构成的物质基础，引申为改变宇宙人生所需要的知识、能力与勇气。“质”指人的品德、善性、素质与潜能。因此，读“四书五经”经典要用心去读，以生命对生命，以真诚对真诚。古代圣贤指点人，不是权威说教，而是启发学生或读者自己去领会。儒学是生命的学问，也是学问的生命。要体验、实践，知行合一，身心合一。

人文教育是高校教育中的通识课程之一，通识教育的根本是追问在任何时代、任何变迁下，最基本、最不会变的东西是什么。这些最基本的东西一是中国人之为中国人的做人的信仰、德行和精神气质，二是可以训练出最基本的思考能力，包括对伦理问题、人生问题的看法等，即人生观、价值观和道德观。通识教育的根本问题是要让我们的教育立足于中华文明的历史性根基之中，自觉继承弘扬中华优秀传统文化。我们今天的存在是传统赋予我们的血脉和价值。我们要走向未来、走向世界，就要了解中国传统，了解我们的老祖宗给我们留下的灿烂遗产。

二、《大学》与“四书五经”的关系

（一）《大学》是什么

《大学》是“四书”之一。“四书”是中华传统经典最重要、最根本、对中华民族精神和中国人观念文化影响最大的四部经典。

先了解“四书”在“五经”中的地位。由于《乐经》亡佚，留下“五经”。“四书”是对《六经》的超越与浓缩和发挥。《大学》是了解儒学的“大门”，是儒学的框架。《论语》是“前殿”，是核心、根本;《孟子》是“后殿”，是延伸和发展;《中庸》是“密室”，是儒学微妙高深之处。学习《大学》是为了了解中国文化传统的基本精神和价值意蕴。

著名儒学专家杜维明先生对北京大学学生说:“没有看过《大学》的人就没有资格做北大的人。”两千多年来，中国的士人，即知识分子、高等学府的学子都是首先研读《大学》，接着再读《论语》《孟子》《中庸》，然后去考科举才有可能从政、当官，参与国家政治。

《大学》原是《礼记》中的一篇，它出自西汉戴圣所传的《礼记》，是该书的第42篇。它主要依据孔子、孟子的仁政思想，阐发了“修身”和“治国平天下”的理论。直到南宋时期，朱熹将其与《论语》《孟子》《中庸》并列，共同构成了儒家的重要经典。《大学》是一本教导人们如何做人的书，它的宗旨是教人发掘自己的善心、弘扬光明正大的品德，使人弃旧图新，不断修养人格。同时，《大学》也是一本教导君王如何治理天下的书。在中国文化中，政治伦理和伦理政治密不可分，这一点在《大学》中体现得尤为鲜明。作为儒学的入门书，《大学》依据《论语》的基本思想，构建了儒学思想体系的一个基本框架，即“三纲领”“七证”“八条目”。加上《大学》文字简约优美，对中国人的思想塑造、中华民族精神的形成影响深远。

（二）“五经”的基本内容

“六经”是指“诗、书、礼、乐、易、春秋”。由于《乐经》亡佚，故通常又称“诗、书、礼、易、春秋”为“五经”。

《诗》即《诗经》，是中国古代诗歌的开端，也是最早的一部诗歌总集，收集了西周初年至春秋中叶（公元前11世纪至公元前6世纪）的诗歌，现存305篇，分为“风”“雅”“颂”三部分。“风”即民间歌谣，共160篇，总称为十五国风。“雅”乃朝廷之乐，多为京都一带朝廷官吏的作品，共105篇，分为《大雅》和《小雅》。“颂”乃庙堂之音，是王侯举行祭祀或其他重大典礼专用的乐歌，共40篇，分为《周颂》《鲁颂》《商颂》，合称三颂。《诗经》总体上反映了周王朝由盛而衰五百年间的社会政治和生活面貌。

《书》即《尚书》，也被称为《书经》。它是我国古代政治历史文献的汇编，也是我国现存最早的史书。内容主要是君王任命官员或赏赐诸侯时发布的政令。《尚书》记载了我国上古时代虞、夏、商、周四代君臣的言论和行事，保存了我国自唐虞（尧舜）（太平盛世）至春秋初叶约一千六百年丰富、珍贵的历史档案资料，是中国古代历史著作的典范。

《礼》源出《周礼》《仪礼》《礼记》三礼。《周礼》是礼最早的经典文本，据传为周公所作，主要描述国家典制；《仪礼》被认为是孔子所编订，这它是一部春秋战国时代的汉族礼制汇编，共包含17篇。其内容主要记载了周代的冠、婚、丧、祭、乡、射、朝、聘等各种礼仪，尤其侧重于士大夫的礼仪。《礼记》是西汉时戴圣对秦汉以前汉族礼仪著作加以辑录编纂而成，共49篇。《礼记》阐述的思想涵盖了社会、政治、伦理、哲学、宗教等各个方面，其中《大学》《中庸》《礼运》等篇章蕴含了丰富的哲学思想。从“礼”的意蕴和实质来看，它既是制度、仪式、规范、品质，也代表着秩序与和谐。它是维护古代道德规范的重要工具，体现了国家秩序和人之为人的精神和风貌，同时也是一个国家的意识形态、价值体系和社会风尚。

《易》也称《周易》或《易经》。《周易》原本是占卜书，但实际上它是一部揭示宇宙、自然、社会、人生运行规律的哲理深邃的哲学著作。《周易》是古人将自己的人生经验通过占卜的方式记录下来，以供后人借鉴的书籍，同时也可以说是一部修身养性的书。《易传》是指产生于春秋、战国时期，以解释《周易》为宗旨的10篇专论，古人一直称之为“十翼”。《周易》在《六经》中居于首位，甚至被认为是中国思想文化的源头，儒道两家都渊源于此。《周易》是经学中的经学，哲学中的哲学，早在古代社会，专门研究《周易》的书籍就有三千多种。

《春秋》是中国现存第一部编年体史书，它以鲁国的十二位国君为序，共记载了244年的历史。“春秋”一词既可指一年，也有指代历史的意思。流传至今的《春秋》有三种传本，即《左传》、《公羊传》和《谷梁传》。《春秋》言简意深，孟子在《孟子·藤文公下》中说：“孔子成《春秋》而乱臣贼子惧。”相传《春秋》为是孔子依据鲁国的史书修订而成的，叙事简洁而意味深长，字里行间分明善恶，暗寓褒贬，使得乱臣贼子从中看到了自己的丑态、灵魂和影子，因而心怀畏惧。《春秋》的大义震慑了乱臣贼子，“春秋笔法”刺痛了他们的内心，这就是文化的力量，也是舆论的力量。《春秋》既是一部史书，也是一部蕴含政治思想的典籍。

（三）《大学》与“四书五经”的关系

“四书”是对“五经”在基本精神和价值方面的继承、浓缩和发挥。“五经”内容繁复，涉及自然、历史、经济、政治、伦理道德、文化、生态等方方面面，很是繁复，难以把握其精髓。

“四书”相较于“五经”更为简约。从“五经”到“四书”的演变，是一个从繁复到简约的自然过程，同时也是一个创造的过程。在汉代，《论语》和《孟子》的地位和作用远逊于“五经”。至于《大学》和《中庸》则是在唐宋时期才开始受到人们的重视。北宋的程颢和程颐首次将《大学》《论语》《孟子》《中庸》合在一起，并称之为“四书”。南宋的朱子则将这四部书籍合并并进行了注解。到了元朝，朱子的《四书集注》被明确为科举考试的范本。朱子曾说，读“四书”是学习“六经”的阶梯。他对“四书”的注释，使得“五经”的思想和基本价值及精神贯穿其中，可以说传统文化最基本的价值都在“四书”中得到了应有的体现。朱子对“四书”的研究投入了四十多年的精力，直到临死前三天，他还在修改《大学》中《诚意》这一章的注解。朱熹一生都致力于《大学》的研究。他认为学习“四书”应先从《大学》开始，然后再读《论语》《孟子》《中庸》。《大学》之所以如此重要，是因为朱熹认为它是“修身治人底规模”，就像建造房屋需要打地基一样，它是“圣人做天下根本”。只有掌握了《大学》这一根本，才有可能进一步阅读其他经典，并确立修身进德的正确方向。

汉唐儒学在礼仪制度方面多有建树，但在性与天道方面的探讨却了无新意。从北宋开始，儒者们开始热衷于研究性与天道，以解决人生价值和意义问题。《大学》与《中庸》涉及性命问题，因此尤其受到儒者的重视。由此，《大学》地位得到提升。《大学》之所以受到如此重视，是因为它强调修身的重要性，并将修身视为政治的根本。它认为“诚意”“正心”是建立社会秩序的关键。朱熹曾教导皇帝，治国在于齐家，齐家在于修身，而修身则在于“诚意”“正心”。这种强调内省的训练，以及深植于个体内心的道德观念，是王安石变法失败后宋儒们的无奈之举，也体现了宋儒心性修养学说的特性。这是一种向内的道德观念修养，而不是社会制度、社会模式或政治家之间沟通中的道德观念。这也可以看作是宋儒的局限性。至于怎样读“四书”，朱子曾说过这样一句话：“先读《大学》，以定其规模；次读《论语》，以立其根本；次读《孟子》，以观其发越；次读《中庸》，以求古人之微妙处。”《大学》把儒家的思想理念和精神价值框架定了规模——“三纲领”“七证”“八条目”都说得清清楚楚。次读《孟子》以观其发越，即从仁爱到仁政的发扬。而《论语》是做人的根本，体现了古人的核心价值观。《论语》给人的感觉是仁者在对其子弟进行谆谆告诫；而读《孟子》则给人的感觉是长者在与弟子侃侃而谈。《论语》充满了格言警句，而《孟子》则是一篇篇政论文。次读《中庸》，以求古人之微妙处。《中庸》相对而言，哲学思想更加浓厚，微言大义更多、更深奥。如其中所言：“天命之谓性，率性之谓道，修道之谓教。”“四书”从形而下到形而上，从平实到玄虚，下学而上达。贯穿“四书”的是“道”：阴阳之道、天道、地道和人道。“四书”是一个系统，首先要读通《大学》，就是要把“三纲领”、“七证”、“八条目”和四个实践步骤看作一个系统，在这个系统当中看到一个“道”。看到“道”，体悟“道”，践悟“道”，证悟“道”，然后在《论语》《孟子》《中庸》中进一步领会“道”，在日常生活中达到“道”的境界。朱子还总结性地说道：“若理会得此四书，何书不可读！何理不可究！何事不可处！”可见真正把“四书”读透了，无论什么事都能办好，无论什么人都能和他相处好。

（四）《大学》在“四书”中的地位

“四书”的形成可以追溯到宋代，在宋代之前，只有“五经”的说法。到了宋朝，尤其是元代以后，《四书章句》成为科举考试的标准教材，此后，“四书五经”这一称谓便耳熟能详。一般来说，“四书”被排在“五经”之前，而在“四书”之中，《大学》通常被排在第一位。如果把“四书”比作中国的圣经，那么《大学》就是儒家“圣经”之首。在宋代之前，《大学》仅仅是《礼记》中的一篇，具体为《小戴礼记》的第42篇。《礼记》是在西汉时期辑录成书的，它并不属于“经”的范畴，而是“记”，主要是对《仪礼》进行解释和补充的文献。自汉代到唐代，《大学》的影响非常小，它只是《礼记》中的一篇普通文章。然而，后来人们逐渐发现了《大学》的特殊意义和价值，认为它既有内在的精神向度，又有外在的社会政治向度。它倡导子孝父、臣忠君的理念，并从诚意、正心开始，认为“诚正格致修齐治平”之道才是真正的“正道”。用韩愈的话来说：“吾所谓道也，非向所谓老与佛之道也”，而是指“尧以是传之舜，舜以是传之禹，禹以是传之汤，汤以是传之文、武、周公，文、武、周公传之孔子，孔子传之孟轲”的儒家之道。然而，“轲之死，不得其传焉”，这意味着儒家所倡导的“正道”“大道”中断了，儒门逐渐淡薄，而佛道却大盛。韩愈决心扭转这个局面，他接续了儒家的香火，证明并深入阐发了儒家的道统。可以说，这是韩愈所代表的当时士大夫的文化自觉意识与以道自任的使命感的体现。《大学》的地位由“记”转变为“经”，是伴随着这种文化自觉和以儒家之道自任的使命感而逐步凸显出来的。原本，《大学》只是《礼记》中的一篇，地位并不高，但当它被抽出来并纳入“四书”之后，其地位就显著提升了。另外，还有一个主要原因，那就是朱熹将《大学》集成到“四书”中，并对其进行了详细的注释。《大学》在“四书”中地位的提升，很大程度上是因为有了《论语》这个儒家思想的根本。《大学》《孟子》和《中庸》构成《论语》的辅翼和阐释。“四书”是一个系统或整体，其中《大学》《孟子》《中庸》共同指向《论语》，为阐发和理解《论语》形成了一个完整的思想体系。《大学》为阐发儒学义理提供了一个理论框架，而且它并非空谈义理，为理解《论语》《孟子》《中庸》提供了学理的基础和前提，构建了一个富有启发性的观念体系。阅读《大学》《孟子》《中庸》

的目的都是为了更好地领会《论语》。“四书”的地位由《论语》赋予和奠定，“四书”虽为四部经典，但同时也是一个整体，构成一个儒学思想体系。《大学》《孟子》和《中庸》若离开《论语》，则不具有经的地位。唯有《论语》才是经，然而《论语》中的言语散见，不成系统，初学者阅读起来亦感困难。但它恰恰是圣人之言，体现了儒学的真精神。因此，需要有《大学》作为先导，先让人明白儒学的理论框架、宗旨、目的等思想。《孟子》在《论语》之后出现，是对《论语》的延伸和发挥。《论语》是《大学》《孟子》《中庸》的根本。《大学》是打开《论语》之门的钥匙，进门之后的首要大事就是研读《论语》。《孟子》是对《论语》的进一步发挥，而至《中庸》则将儒学提升至形而上的“诚”“道”的高明境界，使儒学的精髓得到最为饱满的展现。

《大学》传说为曾子所作。朱熹将《大学》重新编排，分为“经”“传”两部分，其中第一章为“经”，后十章为“传”。“经”是基本观点，“传”则是对“经”的解释和阐述。“经学”一词原本是指最主要的思想学说，汉代儒学独尊之后，它主要指儒家的经书，被称为“经天纬地之作”，这是为了强调其重要性。儒家的经书主要指“十三经”。在《礼记·大学篇》中，《大学》并不引人注目。北宋朱熹把《大学》和《论语》《孟子》《中庸》并称为“四书”，并为之作集注后，《大学》才显赫起来。

《大学》中的“大学”一词的内涵丰富：它既是大人之学，也是君子之学，更是帝王之学。同时，它既是内圣之书，专注于伦理道德修养的内明；也是外王之书，关注治国理政、经邦济世的实践。朱熹认为《大学》是内外兼修之书，而王阳明则将其视为讲内圣的一本经典书。总之，《大学》是一本涵盖内圣外王之道的经典著作。

思考与讨论题

1. 你认为在当今时代，阅读《大学》对自己有何意义？

2.《大学》与文化自信之间存在怎样的关系？

3.《大学》在“四书”中占据怎样的地位？“四书”与“五经”之间又存在哪些内在关联？

参考书目

1. 南怀瑾 . 大学微言 [M]. 北京：世界知识出版社，1998.

2. 中教翰盟 . 四书五经图文典藏版 [M]. 北京：中国法制出版社，2016.

3. 林语堂 . 圣哲的智慧 [M]. 太原：山西师范大学出版社，2002.

第一章

大学之道

内容提要

《大学》的总纲，亦即第一章“经”，以及后续的十章“传”。第一章“经”是基本观点，而“传”是对“经”的解释和阐述。这样的章次安排是由朱熹重新编辑的。总纲中提出了“三纲领”：明明德、亲民、止于至善，以及“八条目”：格物、致知、诚意、正心、修身、齐家、治国、平天下。此外，还有“七证”：知、止、定、静、安、虑、得。《大学》依据孔子、孟子“仁政”思想，深入阐明了“治国平天下”的理论。《大学》认为，人生来就具有高尚的“明德”，但在入世以后，“明德”往往被遮蔽。因此，需要经过“大学之道”的教育引导，重新发现并发扬这种明德，扩充并光大民心，从而达到道德完善的境地。《大学》强调，修己是治人的前提，而修己的目的是治国平天下。这说明了治国平天下和个人道德修养的一致性。《大学》所讲述的“三纲领”和“八条目”，是从主观的实践到客观的实践的展开。笔者认为，应当以《论语》《孟子》《中庸》《易传》作标准，用它们来规范和阐发《大学》，而不能反过来以《大学》为标准来阐发《论语》《孟子》《中庸》《易传》。

《大学》全文文辞简约、内涵深刻，影响深远。它主要概括总结了先秦儒家的道德修养理论，以及关于道德修养的基本原则和方法。同时，对儒家政治哲学也有系统的论述，对做人、处世、治国等方面都提供了深刻的启迪。而本章将带领大家深入学习总纲中的“三纲领”和“七证”。

第一节 原文释义

【原文】

大学之道[1]，在明明德[2]，在亲（通“新”）民[3]，在止于至善。

知止[4]而后有定，定而后能静，静而后能安，安而后能虑，虑而后能得[5]。物有本末，事有终始。知所先后，则近道矣。

[经[6]一章章盖孔子之言，由曾子述之。其传十章，为曾子之意由门人记之也]

【注释】

① 大学之道：大学的原则。在南怀瑾看来，除了“三纲领”之外，还有一个总的纲领，即“道”。在儒家思想中，“道”的本义是道路，它涵盖了天道（阴阳）、地道（柔刚）以及仁道（仁义）。在道家看来，“道”是孕生天地万物的总根源，它赋予了人们极大的能动性和创造性。“道”不仅是宇宙、自然、社会运行的总规律，也是指导社会人生的总原则，且充满了朴素的辩证法思想，预示着一切事物总是朝着相反的方向演化，即“道者反之动”。此外，“道”还是最高的智慧。真正认识“道”并能按照“道”的规律去实践的人，就掌握了认识的最高境界，成为所谓的“得道之人”。在这里，“道”作为总纲，统摄了“三纲领”，是学习“大学之道”的总原则、规律和方法。

② 在明明德：儒家认为，人生来就有善良的德性，即“明德”。前面的

"明"是动词，指彰显，开掘、发扬；后面的"明"是名词，表示"明德"，即光明的、善良的德性，也就是善德。这句话的意思是，人天生就具有善良、光明的德性，但往往被后天的物质利益等诱惑所蒙蔽，同时也被个人狭隘的气质所束缚，导致明德受到压抑和遮蔽。因此，需要通过教育引导、修养和历练，将原本受到压抑的善良、光明的德性开掘、发扬、彰显出来。

③ 在亲民（通"新"）：依据下文，应为新民。新，动词，革新，即弃旧图新，革故鼎新、去恶从善。引申来说，这不仅仅关乎个人的自我修养，还要引导身边的人，即大众的修养。它意味着不仅要度己，还要度人，担当起诚意、正心、修身、齐家、治国、平天下的使命。在今天，这就等同于担负起建设社会道德风尚和精神文明的责任。

④ 止：名词，所止之地，即至善。引申为要确定目标：人格修养的目标是至善，可引申为职业理想目标、生活理想目标和社会理想目标的至善。

⑤ 得：指有所收获，获得、得到至善。

⑥ 经：经典。自汉代开始，将孔子等思想家体现儒家思想的著作称为"经"或"经典"。

【译文】

大学的宗旨和原则，在于发扬（彰显、弘扬）光明正大的德性（品德），在于使人弃旧图新，革新民心，使人达到完善的境界。

知道应达到的目标和境界为"至善"，才能够有定力，能志向坚定；有了定力，坚定的志向才能够去除浮躁、沉潜下来，镇静不躁；心能沉潜下来，镇静不躁才能够安之若素、心安理得、安然不乱；心安理得、安然不乱才能够思虑周详，即集中注意力、聚精会神地学习钻研，思考谋划问题；思虑周详、集中注意力钻研和谋划才能够有所收获，达到目的或目标，即达到完善的境地。

任何事物（每样东西）都有根本、有枝末，任何事都有终结、有开始。知道了本、末与终、始的重轻缓急、先后次序，也就接近大学的原则了，就明白了事物发展的规律，就接近“道”了。

第二节 授课讲义

这里所展示的是《大学》的第一章“经”。

先来看《大学》一书的背景。《大学》自唐代韩愈、李翱维护道统时，才与《中庸》一起被推崇。北宋时期，司马光编撰了《大学广义》，这标志着《大学》开始独立成书。随后，程颢、程颐又编撰了《大学定本》，对《大学》的原文章节进行了整理。到了南宋时期，朱熹编撰了《大学章句》，并将《大学》《论语》《孟子》《中庸》合编为《四书》。朱熹一生对《大学》用力至勤。年轻的时候，他每天早上起来都要诵读《大学》十遍。甚至在临终之前三天，他还在修订《大学》，特别是其中的《诚意章》。朱熹自谓："平生精力，尽在此书。"为何朱熹对《大学》如此情有独钟呢？原因主要有两点：一是他认为只有《大学》一篇保留了“古人为学次第”“学者必由是而学焉”才不会走偏路；二是朱本人的哲学思想也是通过阐发《大学》文本而得以展现的。因此，朱熹屡屡告诫他的学生学习要有一个总体规划，就必须先读《大学》。这就像人砌屋子一样，首先要打好地基。《大学》就是学习的地基。

朱熹《大学章句》的贡献可以从四个方面去理解。第一，朱子首次确定了《大学》的“经”“传”结构，他认定《大学》由“经”和“传”两部分构成，“三纲领八条目”是“经”，“盖孔子之言，而曾子述之”，而“传十章”则是“曾子之意而门人记之”。第二，他把前面一章“三纲领八条目”和后面的“经”“传”一一对应，对《大学》文本的次序作了重新编订。但是只有格物条目，而在后面“传”文里面没有对应的解释，朱子就创新地自己补了一个“传”，叫《格物补传》。《格物补传》尽管篇幅很短，只有一百余字，但却是朱子思想的精华所在，他把自己的思想加入《大学》里面。第三，他追随程颢、程颐，认为“大学之道，在明明德，在亲民”中的“亲”字原本为“新”字，“在亲民”当改为“在新民”，这一改动，对后世国人对《大学》的理解产生了深远影响，“新民”问题在近现代甚至成为重大的政治问题。第四，朱子将“明明德”解释为“复其初”。“明德”是天赋予人的“虚灵不昧”的能力，可以具众理而应万事，这是一种独特的人之为人的完满能力，只不过由于“气禀所拘、人欲所蔽”，因此“有时而昏”，就不清楚了。即便不清楚，但是每个人的明德还是一直在其内心深处，所以“学者当因其所发而遂明之，以复其初也”。这里面当然可以看到李翱“复性”说的影子。朱子所代表的宋明理学的“复其初”模式，与孟子的“人皆有四端”的发展扩充模式不一样。朱子所发现的完满的人之本性，与庄子“性修反德，德至同于初”的观点在逻辑上是一致的。

再看具体内容。总纲着重强调儒学对“三纲领八条目”的追求。所谓“三纲领”，是指明德、新民、止于至善。它是《大学》的纲领旨趣，也是儒学“垂世立教”的目标所在。所谓“八条目”，是指格物、致知、诚意、正心、修身、齐家、治国、平天下。它既是为达到“三纲领”而设计的条目功夫，也是儒学为我们所展示的人生进修阶梯。纵览“四书五经”，我们发现，儒学的全部学说实际上都是循着这“三纲领八条目”而展开的。《大学》为我们揭示了儒学思想体系的基本框架结构。因此，抓住这“三纲领八条目”就等于抓住了打开儒学大门的钥匙。循着这个进修阶梯一步一个脚印，就会登堂入室，领略儒学经典的奥义。这里的阶梯实际上包括“内修”和“外治”两大方面：前面四目格物、致知、诚意、正心是内修；后面三目齐家、治国、平天下是外治。而中间的“修身”一环，则是连接“内修”和“外治”两方面的枢纽，它与前面的“内修”项目连在一起，是“独善其身”；它与后面的“外治”项目连在一起，是“兼善天下”。两千多年来，一代又一代中国知识分子“穷则独善其身，达则兼善天下”(《孟子·尽心下》)，生命的历程就是循着这“三纲领八条目”走过来的。这已经不是学问的阶梯，而是生命历程的实践，是具有浓厚实践色彩的人生追求阶梯。这一思想理念强烈影响了一代又一代中国知识分子的人格心理。时至今日，不管我们是否意识到，“格、致、诚、正，修、齐、治、平”的观念或隐或显地在影响着我们的思想和行动。它代表了中国人做人的基本信念和信仰，是中国人人生历程中的进修阶梯的展开。让我们来看“三纲领”。

“大学之道，在明明德，在亲民，在止于至善。”

“三纲领”，第一是要彰显、发扬、光大人本有的善良德性。“明明德”是每个人自立自修的学问，属于内明、内圣之学。“明明德”的内蕴在于，人的生命中本有之性是明朗的，虽然天生的本性具备理性，则往往被欲望所遮蔽，需要恢复它的最初面目。中国文化的人性假设是性善，孟子认为，人之所以为人是因为人有不虑而知的良知，不学而能的良能。然而，虽然人性是善的，但人性中还有一个气质，即气秉之性，也就是人欲。它常常像魔鬼一样蒙蔽人的善心，使人迷失本性。人天生就有“恻隐之心”，见到小孩掉到井里，一般人都会动“恻隐之心”即同理心、同情心，设法挽救。人不仅有“恻隐之心”，还有“羞恶之心”“恭敬辞让之心”和“是非之心”，也就是孟子的“四端说”，是儒家“五常”中的“四常”。最早由孔子提出“仁义礼”，也即“三达德”或“三常”，孟子将其延伸为“仁义礼智”，也即“四常”或“四端”——“恻隐之心”是“仁”，“羞恶之心”

是“义”，“恭敬辞让之心”是“礼”，“是非之心”是“智”。后来，董仲舒将其扩充为“仁义礼智信”，也即“五常”，而构建和完善“五常”伦理架构的是西汉后期的杨雄。“信”和“诚”意思相近，都有“实”的含义，可以相互阐释。“诚”是立天、立地、立人的根本，心诚信实的人自然明道知理，愚昧缺德福薄的人偏爱欺负心诚信实的人，以为他们好欺负，其实最终倒霉的是自己，因为心诚信实的人通神明，欺负陷害这样的人就是与神明为敌，神弃鬼厌。而“信”字左人右言，寓意人言，是说既然是人就要说人话，不应言而无信。一个人若言而无信，便失去了人性的光辉，只是徒具人形而已。一个人一旦失信，那便是孤家寡人。孔子说，“人而无信不知其可，民无信不立”(《论语·为政篇》)。他甚至把“信”看作治国理政的根本。子贡问治国理政的要义，孔子的回答是，治理国家最重要的是三件事或三个关键要义：一是要有充足的粮食，二是要有充足的武备，三是要取信于民。子贡又问，这三者如果不得不去除一个，应首先去除哪个呢？孔子的回答是去除武备。子贡再问，如果不得已还要去除一个，那么去除哪个呢？孔子回答，去除粮食。因为统治者、领导干部治国理政或管理团队必须取信于民，民无信不立。失去民心的领导是没有影响力的。此外，孟子的心性修养论强调通过心性修养，人才能发掘出善良的本性，这是人之为人的根本。

“三纲领”的第二个纲是要除旧布新、革故鼎新。“亲民”的一种意蕴是亲爱民众，而第二层意思则是“新民”，即要使民众更新，教民众向善。朱熹曾对此进行改动，“朱子冒用其师程颐的意见，非常大胆地将古文《大学》首列的‘在亲民’一句硬要说，程子曰：‘亲’当作‘新’”[①]“把亲民的亲，当作‘新’字来解释，它可非常有力地把后文‘苟日新，日日新’来

① 南怀瑾：《大学微言》，世界知识出版社，1998，第55页。

证明自己涂改有理”[①] 我认为朱熹改得很有道理，古文典籍中关于新民的说法的确很多。如《尚书・康诰》云：“亦惟助王宅天命，作新民。”居顺天命，为民日新之教。先儒以明德为本，新民为末，两物内外相对也。意谓不仅加强自身修炼彰显内心美善的品德，既度己，还要度人，用自己的行为影响、引导他人、感化他人，使大家一起来革新民心，使社会道德风尚得到淳化，使广大民众达到至善的最高道德境界。这是自立而立人，自利而利他的外在表现，也就是“内圣外王”中的“外王”，这才是人伦大道的完成。用佛教的说法也叫自觉觉他，佛在佛教中指的是觉悟了的有感情有意志的人，佛相对于儒家就是圣人，菩萨就是贤人的境界。从汉魏以降，儒家、道家、佛家都把修行的成果天天叫作“得道”。唐宋以后，中国化的禅宗开始普及和流行，它标榜禅以“明心见性”而得道。宋代的理学家则以“修心练心”而得道。“三纲”中第三个纲是“至善”，它要求明确自己人格完善的理想目标，并可以进一步引申为职业、生活和社会理想目标的确立，以达到至善的境界。人总是要有理想目标的追求。人是一种追求意义的社会政治动物，无法忍受存在的虚无、价值的空虚、自我的堕落。

按照南怀瑾的说法，《大学》所讲的并非仅仅是“三纲领”，而是四纲领。即在“明明德”“亲民”“止于至善”之上，还有一个最为重要的纲领，那就是“道”，即“大学之道”的“道”。这个“道”是“三纲领”的总纲。在中国文化的源头《易经》中，这个“道”被称为“一阴一阳之谓道”。生命运动的规律就是“一阴一阳之谓道”，人的生命存在本身就是在阴阳互依、互变、互动中展开的。变化是生命运动，也是人生的常道。“三纲领”、“八条目”旨在使生命运动符合人的生命运动的规律、心身运作的规律、社会运行的规律以及自然和宇宙的运行规律。“道”的内涵十分丰富，尽管在

① 南怀瑾：《大学微言》，世界知识出版社，1998，第 55 页。

儒家和道家中有不同的解释，但大致意思包括道路、规律、真理、理想、目标、规则、原理等。儒家与“道”联系在一起的词有“忠恕之道”“中庸之道”“絜矩之道”。“三纲领”要实现的目标都包含在“道”中。简单地说，就是要透悟生命之道，在人的一生中遵循规律，朝着真善美的正道前行，即循道而行，不能走歪门邪道。接下来，我们来看“七证”。一般来讲，《大学》的讲解较少涉及“七证”，而大都只关注“三纲领”和“八条目”。其实，“七证”也非常重要。用现代心理学的观点来看，它相当于学习方法论。“七证”包括知、止、定、静、安、虑、得。每一个前面的“一证”都是后面“一证”的前提和基础。如果前面“一证”没能实现，那么后面的“一证”就会落空。“七证”是修养的功夫，是孔孟的心法。“同时也代表周、秦前儒道本不分家的中国传统文化中，教化学养的特色。”[①]曾子在撰写《大学》时，希腊哲学家苏格拉底刚出生。而“七证”在秦汉以后被道家和佛家所应用，这也使得“七证”更具思辨色彩。

“七证”中第二证是“止”，“止”是停止的意思，停止什么呢？停止纷繁的心思。人一天到晚有多少心思、胡思乱想、幻想、猜忌、梦想，数不清，记不得。只要人活着，这种前赴后继的思虑从不停息。“止”是告诉你，要把这种杂乱的、狂妄的迷思、幻想停息下来，把它放在清清静静、平平安安、清明、安详的心态中、境界中、精神状态中。这正所谓“胜人者力、自知者明、自胜者强”。圣人之道，首先要战胜自己。要征服天下，首先要征服自己。征服天下易，征服自己难。诚如王阳明所言：“破山中贼易，破心中贼难。”这种“知止”的境界就是“明德”。人生最大的难事是“自知”，而更难的是“知止”。对于一刻不停息的思绪，尤其是和欲望、欲念、贪欲、邪念相关的念头，将它止住，这是一种修养的功夫。可以说，

① 南怀瑾：《大学微言》，世界知识出版社，1998，第 69 页。

古今中外的哲学伦理学的一个主旨思想就是教人如何节制自己的欲望，管控自己的念头，让自己的善念发扬光大，将恶念扼制在萌芽状态中。当然，这方面的学问在中国最为发达，印度也颇为深厚。我理解“知止”的第二层意思是指向“至善”，“止”在这里意味着要达到的目标，即修养品性、修炼人生要有“至善”的目标。这可以引申为在学业、学问、职业理想、社会理想、道德理想追求上都要有目标。有了目标，才会有定力，才能坚定志向。这两层意思相互依存、相互促进。“知止而后有定”，如果不能把纷乱的思绪止住，又怎能朝着“至善”的目标前行呢？因此，人生一世，我们总要确定要干什么，在滚滚红尘中做什么有意义的事才对得起自己，对得起家人，对得起社会、国家和人民。

在“七证”中，“定”是第三证。“定而后能静”，其中的“静”是第四证。有了定力、坚定志向才能沉潜下来、去除浮躁，才能“静”得下来。诸葛亮在《诫子书》中写道：“非淡泊无以明志，非宁静无以致远。”这句话强调了淡泊与宁静的重要性。儒家讲求淡泊名利，如“见利思义”（《论语·宪问篇》），“不义而富且贵，于我如浮云”（《论语·述而篇》）。甘于淡泊，自然就能“宁静致远”。《道德经》第十六章讲到“致虚极，守静笃”。这是说，如果我们想把握到那个天地万物的“根”或“常道”，就首先要跳出自我的局限，使自己的心灵空虚到极致即“致虚极”。我们不应让心灵有一丁点儿的“实”来妨碍我们认识“道”，因为“道”的本体就是“虚”的，它“用之或不盈”，“周行而不殆”。这里的“静”，实际上是缓慢地“动”。“悟道”“证道”的过程，就是让自己真正静下来的过程。当心灵达到“致虚”“守静”到极致后，具体生活世界的万物呈现出我们以前从未见到的景象。“夫物芸芸，各复归其根”，这句话可以理解为：虽然具体事物变化纷纭、异彩纷呈，呈现出多种多样的存在形态和运动方式，但究其根底，它们都是按照“道”的原则存在和运动着。看上去是“静”，实际上是

"动"。老子要我们认识到"常"和"常道"。只有认识到这一点的人，才能无所不包容。只有这样的包容一切，才能坦然大公。而只有坦然大公，才能顺应自然、符合自然。顺应自然、符合自然，才能符合于"道"。只有按照"道"的原则身体力行，人的行为才能长久，并且终身可以免于危殆。这是《道德经》对"静"的阐发。可见，儒道从不同的视角讲"静"，但殊途同归，都是在讲修养的功夫。《大学》所讲的"静"，是"定"而后能"静"；《道德经》所讲的"静"，则是要"悟道""证道"后方能"静"。圣人之"圣"的心静，是不必去有意求静，而是自然而然地达到此境地。

"静而后能安"，这个"安"是第五证。达到"静"的状态后，方能心"安"。"静"与"安"相辅相成，达到"静"的状态后方能心"安"，心"安"则能更深入地体会"静"。在这里，曾子告诉我们，要明白"大学之道""明明德"的学问，必须先从"知、止"开始。然后逐步进入"定、静、安、虑"的状态，最终悟得"明德"，从而理解"大学之道"的道理。"安"在这里指的是安之若素、安然自得、心安理得的状态，即能够真正地"安"下心来。心安理得之后，才能进入"虑"的状态。这个"虑"是第六证，它要求我们必须专心致志、聚精会神地思考研究问题。只有这样，我们才能有所"得"，这个"得"是第"七证"。这个"七证"实际上是自我感知、监察、觉悟的过程。当我们明确了目标后，就要开始计划行动。这个过程中可能会伴随着振奋、紧张和些许焦虑的心理状态。然而，无论是小事还是大事，都是在这种状态下一步一步实现的。当一个人拥有了至善的目标和远大的理想时，他的注意力会自然而然地集中在要做的事情上。这时，浮想和浮躁都会消散无踪。他常常会进入一种无觉、无观的状态，心境一片清明。这也被称为"虚灵不昧"的状态，即去尽人欲、为天下表率的状态。这种状态与西方心理学家马斯洛所说的"高峰体验状态"非常相似。在这种状态下，人们会体验到灵感的爆发和创造力的高峰，因此也最容易产生出色的成果。

“七证”的道理似乎很浅显，但又十分深刻。它用简洁明快的文字表达了具有普遍规律性的学习方法论，古今中外概莫能外。然而，今天的中国大学生置身于全球化、信息化、网络化以及金融文明的时代，往往被泛滥的信息和五光十色的物质、功利诱惑所吸引，导致注意力无法集中，精力和时间被碎片化，无心向学，价值目标错位，荣辱不分。“七证”对我们很有启发，它并非一般的学习方法，而是学习方法论，其中还蕴含了人生观、价值观和世界观的深刻意蕴。

关于孔门心法与心理学中的“七证”，我想再针对大学生学习精力、时间的碎片化问题，谈一下如何确立一种知识观和学习观。我尝试将美国实用主义思想家、哲学家约翰·杜威和威廉·詹姆斯的知识观，与古希腊哲学家、百科全书式人物亚里士多德的幸福观相融合，来阐述知识观和幸福观：其一，知识作为结果的幸福和快乐，源于获得了自由和尊严；其二，知识作为过程的幸福和快乐，是那种“痛并快乐着”的幸福。

第一句话告诉我们，当我们获得知识，并将其转化为能力或素养时，就容易获得自由和尊严。因为拥有某种知识或能力，我们在做事情时就会感到自由，不会感到恐慌、烦恼或忧愁。而当我们做成事情，获得成绩、成就、地位、名望时，就容易赢得他人的尊敬、欣赏，甚至仰慕，从而得到尊严。这就是知识作为结果的幸福和快乐。第二句话，“知识作为过程的幸福和快乐，也就是‘痛并快乐着的幸福’”。亚里士多德认为，思辨的幸福是最高境界的幸福和快乐，它可以超越所有感官刺激的幸福。所谓“痛并快乐着的”幸福，是指当我们学习一种难度较大、缺乏基础或前提性的知识、理论时，会感到学起来很难，甚至感到痛苦、难受，遇到种种阻力和困难。但是，经过艰苦努力真正学进去之后，又会感到由衷的喜悦和幸福快乐。

那么，怎样才能学进去呢？关键是要高度集中注意力。这种高度的注意力集中，往往会出现心理学所讲的“高峰体验状态”。什么是思辨的幸福？就是在读书、实验室实验、写作等所有创造性劳动的过程中特别忘我，忘我到出现高峰体验状态。大学生要培养自己在听课、读书、写作和实验室实验时也经常出现这种高峰体验状态的能力。这样，我们的学习效率就会提高，我们就能体会到亚里士多德所说的思辨的幸福——那是最高境界的幸福和快乐。这样，即使我们不能成为科学家或教授，至少在某一领域也能做出一番事业，感受到幸福。

用“七证”的理念来说，就是每个人要先确定自己知识、人格、生活、职业、社会理想等方面的目标，而后才能有定力。有了定力，才能入静；沉静下来，才能安之若素、心安理得；这样，才能聚精会神，而聚精会神地钻研，才能有所收获，最终成人成才。

做人和学习也是要讲究循道而行的。这个“道”就是明白“物有本末，事有终始”的道理。唯有掌握事物的先后、本末，才能把事情做好。正如古语所说：“知所先后，则近道矣。”

思考与讨论题

1.《大学》第一章是总纲，其中心思想是什么？

2.《大学》“三纲领”的关系是怎样的？

3.“七证”对我们有什么启示？

参考书目

1. 辜鸿铭 . 论语 [M]. 北京：中华书局，2017.

2. 于建福，等（国际儒学联合会组编）. 大学中庸初级读本 [M]. 北京：商务印书馆，2015.

3. 马振铎，等 . 儒家文明 [M]. 北京：中国社会科学出版社，1999.

第二章

古之欲明明德于天下者

内 容 提 要

格物、致知、诚意、正心、修身、齐家、治国、平天下是《大学》中的“八条目”，这“八条目”是《大学》的核心思想,《大学》后面的章节都是在阐释这“八条目”，阐释如何通过“八条目”的修行，达到“三纲领”的最高境界。

第一节　原文释义

【原文】

古之欲明明德于天下者，先治其国。欲治其国者，先齐其家①。欲齐其家者，先修其身②。欲修其身者，先正其心。欲正其心者，先诚其意。欲诚其意者，先致其知③。致知在格物④。

【注释】

① 齐其家：将自己家庭或家族的事务安排管理得井井有条，人与人之间的关系和谐，家业繁荣的意思。

② 修其身：锻造、修炼自己的品行和人格。

③ 致其知：让自己得到知识和智慧。

④ 格物：研究、认识世间万物。

【译文】

在古代，意欲将高尚的德行弘扬于天下的人，则先要治理好自己的国家；意欲治理好自己国家的人，则先要调整好自己的家庭；意欲调整好自己家庭的人，则先要修养好自身的品德；意欲修养好自身品德的人，则先要端正自己的心意；意欲端正自己心意的人，则先要使自己的意念真诚；意欲使自己意念真诚的人，则先要获取知识；获取知识的途径则在于探究事理。

第二节　授课讲义

《大学》一篇以“三纲领八条目”提要钩玄了儒学奥义，成为两千多年来国人安身立命之根本，时至今日，仍不减其垂世立教、修德立世之重要价值。

一、“三纲领”与“八条目”之关系梳理

“三纲领”即明明德，亲民，止于至善。

“八条目”即格物、致知、诚意、正心、修身、齐家、治国、平天下。

传统的观点多以内外划分“三纲领”“八条目”。“三纲领”中“明明德”是内、“亲民”是外，“止于至善”是目标；“八条目”中相应的“格物、致知、诚意、正心、修身”是内，“齐家、治国、平天下”是外。朱熹所谓“正心以上，皆所以修身也，齐家以下，则举此而措之耳”。[①]

物、知、意、心、身、家、国、天下。这八个层次形成一个由内到外的谱系。相应还有八个动词，格、致、诚、正、修、齐、治、平。这八个动词非同一般，意思值得深入探究。那么合在一起，格物、致知、诚意、正心、修身、齐家、治国、平天下是很重要的关键词，也表明了八个层次。

孔子说：“明德新民，固大人分内之事，而功夫条目，则有所当先。在昔古之人君，任治教之责，要使天下之人，都有以明其明德者，必先施教

① 朱熹：《朱子全书》第6册，上海古籍出版社，2010。

化，治了一国的人，然后由近以及远。盖天下之本在国，故欲明明德于天下者，先治其国也。然要治一国的人，又必先整齐其家人，以为一国的观法，盖国之本在家，故欲治其国者，先齐其家也。然要齐一家的人，又必先修治己身，以为一家之观法，盖家之本在身，故欲齐其家者，先修其身也。身不易修，而心乃身之主宰，若要修身，又必先持守得心里端正，无一些偏邪，然后身之所行，能当于理。所以说，欲修其身者，先正其心。心不易正，而意乃心之发动，若要心正，又必先实其意念之所发不少涉于欺妄，然后心之本体能得其正。所以说，欲正其心者，先诚其意。至于心之明觉谓之知，若要诚实其意，又必先推及吾心之知，见得道理无不明白，然后意之所发或真或妄，不致错杂，所以说，欲诚其意者，先致其知。理之散见寓于物，若要推及其知，在于穷究事物之理，直到那至极的去处，然后所知无有不尽，所以说，致知在格物。”这格物、致知、诚意、正心、修身，是明明德的条目；齐家、治国、平天下于天下，是新民的条目；人能知所先后，而循序为功，则己德明、民德新，而止于至善在其中矣。

这是“三纲领”与“八条目”的关系，而第二章是《大学》的条目功夫。

《大学》对“八条目”排列了次序，这主要不是规定实行中的时间先后的次序，而是确定“八条目”之间的关系。所谓“物有本末，事有终始。知所先后，则近道矣。”它指明了只有把家庭、封地管理得井井有条，才能获得经验，有资格进而治理国家；要治好家庭、封地，首先要以身作则，进行自我修养；要进行自我修养，就要端正思想，而不能只做表面文章，遵守外在的行为准则；要端正思想，就要做到真诚，心灵纯洁，排除种种私心杂念；而要意念诚实，就要学习知识，提高认识，不至于陷入愚昧、偏执，从而避免盲目性；而要掌握知识、提高认识能力，就要深入研究事物，以防止被他人之说误导。《大学》全面地展示了明明德和治国平天下相关的主要方面，深刻地揭示了它们之间的关系，使儒家学说成为一个条理分明的思想体系。

二、格致诚正

（一）格物致知

格物是《大学》“八条目”之首，也是朱子理学中极其重要的概念。《大学》首次提出“格物”的概念，并将格物致知列为儒家伦理学、政治学和哲学的基本范畴，从而赋予认知活动对于修身养性的精神、心理过程，以及治理社会与国家的实践活动极其重要的意义。这是儒学的一个重大发展。

朱熹曾经解释过“物格而后知至”的含义，他说：“物格者，物理之极处无不到也。”那么，什么又是“物”呢？朱熹解释说：“物，犹事也。”而根据《郭店楚简·性自命出》中的说法：“凡所见者谓之物。”也就是说，我们所能看见或向我们所呈现的一切东西都可以称之为“物”。虽然朱熹和《郭店楚简·性自命出》对于“物”的解释有一定区别，但他们都认为物理是存在于物之中的。

何谓“格”？心学与理学对此的理解存在较大差异。朱熹对“格”的解释继承了程颐的思想，他在《四书章句》中将“格物”解释为：“格，至也。物，犹事也。穷至事物之理，欲其极处无不到也。”“格”最重要的意思就是去掉事物的表面现象，对它加以深度把握。“致知”就是要获得对世界上万事万物的认识。朱子在《答朱子绎书》一书中说：“为学之题目次第，紧要是格物两字”。从格物入手，如果不接触外物，那么接下来所讲的修齐治平，或者是这种修身，或者是以至于到天下的过程，都是不可能进行的。然而，关于格物还是有一些争议的。格物，你要获得知识，什么时候才是个头呢？也就是说你要格多少呢？在《程氏遗书》中，程子就说："今日格一件，明日又格一件，积习既多，然后脱然自有贯通处。"他认为为学是一个不断累积、不断进化的过程，你需要格一件，今日格一件，明日格一件，不断累积知识，然后自然会有贯通之处。

王阳明的解释则与朱子不同。他说："格者，正也。""格物"是"去其心之不正以全其本体之正"。这样，王阳明所讲的"格物"其实是"格心"，也就是致良知的工夫，并非朱子所讲的"格物"。

据《年谱》记载，孝宗弘治五年，即1492年，阳明先生21岁时，发生了著名的"格竹事件"："先生（阳明）始待龙山公于京师，遍求考亭遗书读之。一日思先儒谓'众物必有表里精粗，一草一木，皆涵至理'，官署中多竹，即取竹格之，沉思其理不得，遂遇疾。先生自谓圣贤有分，乃随世就辞章之学。"这件事情在《传习录》中也有记载：

> （阳明）先生曰："众人只说格物要依晦翁，何曾把他的说去用？我着实曾用来。初年与钱友同论做圣贤要格天下之物，如今安得这等大的力量？因指亭前竹子，令去格看。钱子早夜去穷格竹子的道理，竭其心思，至于三日便致劳神成疾。当初说他这是精力不足，某因自去穷格。早夜不得其理，到七日亦以劳思致疾。遂相与叹圣贤是做不得的，无他大力量去格物了。"[①]

所以，我们看到王阳明最开始的时候是随着大学之道去格物的。他在贵州尝试格物，格的对象是竹子。他日日研究竹子，悉心探究竹子背后的

① 王阳明：《王阳明全集》第1卷，民主与建设出版社，2014，第93页。

理。然而，在格了数日之后，他发现自身并没有像程子所说的那样达到脱然自有贯通的地步。然后，他顿悟了。他意识到，所谓“格”，不应该只是格向外物，因为物的最终指向是人自身。应该是格自己，格向自己的内心。换言之，格物的“物”不仅是指向外物当中去获得知识，更重要的是格人的内心，去了解自己、研究自己，然后通过这个过程去获得各种知识。因此，如果只格向外物，就不能够充分认识与了解自己。这样的话，只能获得对外物的知识，而不能“诚得自家意”。所以，在格物的过程当中所获得的知识应该既包含外物的知识，也包含对自己的认识。也就是说，只有在充分认识了自己之后，才能更好地知道和把握要格的具体对象。阳明先生说:“朱子所谓‘格物’云者，在即物而穷其理也。即物穷理是就事事物物上求其所谓定理者也，是以吾心而求理于事事物物之中，析‘心’与‘理’而为二矣。”[①] 因此，阳明先生训“格”为正，训“物”为事，“格物”即正事，意思是使事事物物皆得其正，皆得其理，皆合乎天理。“物者，事也，凡意之所发必有其事，意所在之事谓之物。格者，正也，正其不正以归于正之谓也。正其不正者，去恶之谓也；归于正者，为善之谓也。夫是之谓格。”[②]

阳明不仅从心上释物，主张心即物、心即理，心与理、物合一，而且强调格物、致知、诚意与正心也是一致的，都 是“致良知”之功。阳明先生曾说:“格物者，格其心之物也，格其意之物也，格其知之物；正心者，正其物之心也；诚意者，诚其物之意也；致知者，致其物之知也；此岂有内外彼此之分哉？理一而已。”[③] 总之，格致诚正皆是为善去恶的功夫。

王阳明显然走回到了“反躬修己”一路。但是，诚如钱穆所说:“学者

① 王阳明:《王阳明全集》第 1 卷，民主与建设出版社，2014，第 35 页。

② 王阳明:《王阳明全集》第 3 卷，民主与建设出版社，2014，第 711-712 页。

③ 王阳明:《王阳明全集》第 1 卷，民主与建设出版社，2014，第 59 页。

如单从陆王研究理学，便不能了解朱子。”可见，《大学》“格物”也不能单从王阳明的路数着手。况且，“王阳明讲良知，并非讲《大学》。”这样，《大学》之“格物”的确有它的难度。

所谓致知，即“推极吾之知识，欲其所知无不尽也”。致知包含着扩充心之所知与扩充至极两个方面。就格物与致知的关系而言，朱子认为格物是致知的工夫：“所谓致知在格物者，言欲致吾之知，在即物而穷其理也。”这意味着致知是以格物为工夫，是通过格物来实现的。因此，他甚至说：“致知、格物，只是一事。”可以说，朱子是将致知视为格物的结果或效验：“于这物上穷得一分理，即我之知亦知得一分；于理上穷二分，则我之知亦知得二分；于物之理穷得愈多，则我之知愈广。”这样看来，致知就不能单独作为工夫去讨论，而是必须以格物为前提、关联着格物才能有工夫论的意义。仅就格物与致知两者而言，其内涵基本相同。因此，曾亦以“工夫—效验”这一概念来界定格物、致知的关系，这一观点较为可取。当然，格物、致知也有所区别，即言说角度不同。朱子指出：“格物，以理言之；致知，以心言之。”

以上为格物致知。

在格物致知之后，方有自觉，那就是要诚意、正心。

（二）诚意正心

朱熹认为，“诚意”在儒家修养体系中具有重要地位，是一个关乎善恶、人鬼、君子小人的“关口”。他说：“格物是梦觉关。格得来是觉，格不得只是梦。诚意是善恶关。诚得来是善，诚不得只是恶……诚意是人鬼关！诚得来是人，诚不得是鬼。”他将“诚意”置于“自修之首”，认为“诚意”是善与恶、真与假、人与鬼、君子与小人、圣人与凡人的分水岭和转折点，是功夫继续深入的基点。于是，他说：“更是《大学》次序，诚意最要。”[①]

所谓的诚意是什么？

“诚意”作为一个整体概念，朱子解释说：“诚者，实也。意者，心之所发也。实其心之所发，欲其一于善而无自欺也。”这句话有两层含义：第一层是“一于善”。朱子认为，意有善恶之分，故需要诚之实之的工夫来贞定意念的价值指向，将所发意念皆归于善。这里的“一”是 根据《中庸》中的“一则诚”来说的，强调功夫的彻底和绝对性。第二层是“没有自欺意识”。在理解诚意时，朱子特别注意将诚意的对立面“自欺”纳入其中，他认为自欺是理解诚意的关键点。综合来看，朱子用“善”和“自欺”而不是“善”和“恶”来关联，即“一于善而无自欺”而不是“一于善而无行恶”，这就拐了个弯。在朱子看来，恶必然是自欺，而且是自欺中程度最深、最明显的一种。但自欺所指更广泛、更复杂，通常不如恶那么可怕，然而却更为常见，因此更需警惕。它指的是更内在、更隐秘的意念活动，其根本特征就是虚假。

朱子以“实”来解释“诚”，“实”就是真实不虚，和虚妄相对。它并不代表价值取向，只是表明心理意识是真实不虚的，是一个状态形容词。这是朱子对于“诚”的基本认识。朱熹认为，“诚”就是“实”，就是“真”的意思。“诚意”就是“实其意”，是“表里如一”、彻头彻尾皆如此，是发自内心的“真情”，而不是为了做给别人看而发出来的“意”。他说：“诚意者，好善‘如好好色’，恶恶‘如恶恶臭’，皆是真情。”又说：“所谓‘诚其意’者，表里内外，彻底皆如此，无纤毫丝发苟且为人之弊。如饥之必欲食，渴之必欲饮，皆自以求饱足于己而已，非为他人而食饮也。又如一

① 朱熹：《朱子语类》，载于《朱子全书》第 14 册，上海古籍出版社，安徽教育出版社，2002：49。

盆水，彻底皆清莹，无一毫砂石之杂。”当然，朱熹在解释“诚意”的含义时，特别强调，其所发出来的“意”一定是好意、善意，或者叫“好善恶恶之意”，否则，也就谈不上什么“诚其意”的问题了。诚意是真诚地面对你自己，是真诚地面对你自己的心灵。“诚意”指的是在修养自身的过程中，能够做到诚实、不自欺、慎独。所谓的不自欺，就是不欺骗自己，真诚面对自己。而这个所谓的真诚地面对自己，内含的一个道理是知行合一。否则，你就不能真诚面对自己，那么这就不是诚意。

那么，何为“心正”？“正心”如何做工夫？朱熹认为，“心正”就是人心中空无一物，广大、平静、湛然。那么，何谓正心？所谓的“正心”，就是“心如太虚，湛然虚明”，不先带着情绪去应接后面即将到来的事物。用现在的话来说，“正心”就是端正你的心思，使你的意念纯正，教人防止个人感情的偏向，去除各种“未安”的情绪，保持心灵的宁静。儒家讲究的“正心”，就是让自己做到问心无愧。

在正心与诚意的关系上，朱子提出诚意是正心的必要前提。诚意之后，所有意念皆是有善无恶，可以说已经是个善人了。下一步的正心工夫，在用力程度上就很轻了，主要是审察心情的波动，以矫正之。《大学章句》说：“此亦承上章以起下章。盖意诚则真无恶而实有善矣，所以能存是心以检其身。然或但知诚意，而不能密察此心之存否，则又无以直内而修身也。”朱子对心、意概念作了论述。他指出，心的概念大，包容广，是从总体而言；意的概念小，范围窄，是言心之发处。他说：“心，言其统体；意，是就其中发处。”……“由小而大，意小心大。”既然意是心之所发，心为意本，那么按照常理，诚意工夫应该在正心之后才对。但朱子的解释是：心之为物，没有行踪，难以把握，故应当从具体意念上入手，去除恶根。只要意诚了，心就自然正了。他作了个比喻：“心好比水，本来平静，为风涛所扰，不平静。若要平静，须风息。”故诚意是正心之必要前提。在用力深浅上，诚意深，正心浅。他说："人之无状污秽，皆在意之不诚。必须去此，然后能正其心。"问："心，本也。意，特心之所发耳。今欲正其心，先诚其意，似倒说了。"曰："心无形影，教人如何撑住。须是从心之所发处下手，先须去了许多恶根。诚意最是一段中紧要工夫，下面一节轻一节。""若论浅深意思，则诚意工夫较深，正心工夫较浅。"①

"诚意正心"揭示出了中华传统文化中特有的伦理文明向内发展的本质特征。

"诚意正心"把握住了中华文化的精髓，即意不诚，心便不正；心不正，意便不诚。诚意是正心的前提和基础，而正心则是诚意的巩固和保证。诚意正心要求我们在追求真理的过程中，意必诚，心必正。

三、修齐治平

（一）修身

以上所讲，都是内修。

修身是使个人修养达到完善的程度，从而实现人自身的身心和谐，这是一个人立身处世的基本功。它处在"八条目"的中枢地位，修身的途径主要是指"八条目"中的格物、致知、诚意、正心。

儒家认为修身、齐家、治国、平天下是一理的，其中以修身为本。这是因为"天下之本在国，国之本在家，家之本在身"(《孟子·离娄上》)，是故"自天子以至于庶人，壹是皆以修身为本"。

《大学》将修身视为自天子至庶人的一切活动的根本，这既指明天子没

① 朱熹：《朱子语类》，载于《朱子全书》第14册，上海古籍出版社，安徽教育出版社，2002。

有特权置身于修身之外，又提出普通百姓不应降低对自己的要求，将修身视为无关紧要的事。修身就是关注自我，认识自我，审视自我，以及完善、发展自我。这表明，以修身为本就是将培育和完善自我、发展自我的自觉性置于重要的地位，这种思想能够增强个体自强不息的内在精神生命力。

周敦颐提出："治天下有本，身之谓也。"(《通书·家人睽复无妄》)王阳明进一步阐明了为己与成己之间的紧密联系："须有为己之心，方能克己，能克己，方能成己。"重视个体在现实生活中修己而成己，强烈体现了儒家以德立命的伦理精神。

中国文化中，并不存在一种典型或传统意义上的宗教，因为在中国文化的视野里，神性寓于人性之中，彼岸世界就存在于此岸世界。人若迷失了自己的真心本性，便沦为凡夫俗子；而一旦返归此真心本性，便成为神圣之人。所谓的善、信(真)、美、大、圣、神，不过是修行的不同阶段或境界而已，而且每个人都可以经由自己的修行而达到这些境界。在本性上，人无须崇拜任何偶像，因为那些古圣先贤只是为我们树立了榜样，指明了方向，而最终的成就还是要靠自己的努力。

这样，中国文化就打破了凡圣之间、人神之间的绝对界限，也抹平了世俗与宗教、此岸与彼岸、出世与入世之间的裂隙。人可以也应该去追求神圣和不朽，却不一定要去出家或隐居，因为对于真正的修行人来讲，处处是道场，时时在修行，饮食起居、待人接物，都可以成为修道成道的契机。这就是《中庸》所说的"道不可须臾离"，它赋予了日常生活以神圣的意义与诗意的光辉。每一个人，无论他多么卑微和贫贱，都可以过一种有尊严有意义的生活，都可以生活在庄严、安详与平和之中。处于什么样的位置做什么样的事并不重要，重要的是以什么样的"心"去做人做事。这就是中国哲学所讲的本体、工夫与境界的圆融或"惟精惟一"。这是智慧的领域，是一条内在超越的道路，而且注定要自己走完，没有任何神明、权威可以依赖。体现在现实中，就是要人过一种完整、自在、逍遥的生活，做到无入而不自得，而不应把修行与日常生活割裂开来。

但儒家的宗旨是修身齐家治国平天下，其中修身并非最终目的，而是最基本、最起码的要求，它是齐家、治国、平天下的根本修身应该而且必须向外扩充，表现为齐家、治国、平天下的实际行动。说到底，修身的目的在于更好地实现齐家、治国、平天下的理想。可以说，修身既是《大学》思想的根本目的，同时又是《大学》所倡导的治国平天下的出发点。这一由内到外、由小到大、由家到国乃至天下的实践之路是有先后顺序的：由内到外、由小到大、由家到国乃至天下的实践之路是有先后顺序的：从个人（修身）出发，扩展到小群体（家庭），再进一步扩展到大群体（国家），最终达到最大的群体（天下）。这就是儒家政治思想的另一条主线。

“古之欲明明德于天下者，先治其国；欲治其国者，先齐其家；欲齐其家者，先修其身。”在中国漫长的历史里，《礼记·大学》的这句话，深刻地影响了中国的社会心理结构。

（二）齐家

“家”。中国古代的“家”与现代的家庭结构还是有所区别的。现在一般的家庭都是三口之家的小家庭。而在中国历史上，“家”最初是指大夫的封地，跟诸侯的封地“国”相对应。要治理和管理这样的“家”，也并非易事。

“齐家”。王权时代主要是指天子宗族的和美，皇权时代主要是指皇帝家族的和美，而今的民权时代则应是指核心家庭的和美。概括来说，就是善于处理好家庭或家族内部的关系，这是治国、平天下的基础。

“为何要齐家”。儒家讲修身，主张在实现个人自身的身心和谐的基础上，进而逐步实现人际关系的和谐。而要实现社会这个大群体的和谐，首要的就是其组成单位——家庭内部的和谐。只有齐其家，才能治其国。即在修身的基础上，先实现家庭内部的和谐，然后再从家庭这个小群体扩展到社会这个大群体的和谐。所以，大家看，所谓“修齐治平”，是一个逐层递进的同心圆结构。正如费孝通先生所言，中国的社会结构是一个差序格局，以家庭为中心，像水的波纹般逐渐向外扩散。而隐藏在这一结构中的，是“家国同构”的思维逻辑：家、国、天下的结构是类似的，要治理国家，就得先治理家庭；家庭治理得好，才有治理好国家的可能——毕竟，家庭是社会最基本的细胞。管理不了自己的人当然无法管理别人，但是，能够管理好自己却未必就能够和愿意去管理别人。这是从“修身”过渡到“齐家”环节上可能存在的问题。

“为何可以由家至国？”家庭是古代中国基本的社会单元。人一出生，就在衣食住行和启蒙教育等方面，受到父祖辈的哺育、家庭的庇护和亲族的扶持。家庭不断繁衍扩大，形成了家族、宗族等社会组织。在这些社会组织内部，尤其在田产运营、族人教化、族内互助、丧葬事宜等领域，产生的政治、经济特点，使中国历史上的“家国传统”包罗万象，涉及了社会发展的方方面面。而血缘宗法制度决定了家与国是紧密结合在一起的，家是国的基本单位，国是放大了的家，“天下之本在国，国之本在家，家之本在身。”因此，中国古人习惯把国称为“国家”，也以君主来类比家长。治国便是齐家的扩大，齐家则是治国的开始，平天下则是齐家治国的进一步延伸。如何治理好一个家，便不仅仅是一个简单的伦理问题，更是一个复杂的重要政治问题。这就是中国古代社会治国平天下的秘诀之所在了。

由齐家到治国，把国看作扩大的家，把家当作缩小的国。从中国文化传统来看，“家”与“国”之间具有某种价值上的同构性。因此，中国的老话说：“国之本在家”，“积家而成国”。人们把父子之礼扩充为君臣之礼，把家庭的纲常扩充至国家的根本大法，由此而形成了“君为臣纲、父为子纲、夫为妻纲”以及“仁义礼智信”的“五常”，也形成了中国古代社会家、国不分的局面。

而由齐家到治国的途径则是一个“孝”字。“夫孝，德之本也”(《孝经》)。若人人能成仁，并由一己之仁推而扩之为“爱人”，能“老吾老，以及人之老，幼吾幼，以及人之幼”(《孟子·梁惠王上》)，“不独亲其亲，不独子其子”(《礼运》)，则“天下归仁焉”(《论语·颜渊篇》)。若人人能行孝，并由一家之孝推而扩之孝天下，则天下无所不能，“孝悌之至，通于神明，光于四海，无所不通”(《孝经》)。在家孝亲，推之事君；在家悌兄，推之事长。通过“孝”与“悌”在价值观念上的延展，实现从“齐家”到“治国”的跨越，“家齐而后国治”，以及最终达到德化天下的境地。所以，在传统中国社会中，“孝悌”所支撑的“家”，既具有生存论上的核心地位，同时在社会的“修齐治平”层面上也居于核心部位。①

（三）治国

何谓“国”。所谓的“治国”，“国”当然是指诸侯国。一个国由许多大的家族或宗族构成，家族或宗族是国的基层组织。

“谁治国”？所谓“治国”的社会主体，王权时代主要是指天子，皇权时代主要是指皇帝，而民权时代则应指任何一个公民“国家兴亡、匹夫有责”。

许纪霖说，今天我们要超越两种关于国家的极端看法：一种是将国与家绝对隔绝，将国家仅仅视为没有内在价值的工具；另一种是将国与家混为一谈，将国家自然化、家族化，认为国家像家一样具有天然的绝对权威性，即“朕即国家”，国家就是“家天下”。我们应该看到，国类似于家，

---

① 孙向晨：《重建“家”在现代世界的意义》，《文史哲》2019 年第 4 期。

但又不是家。国家不是工具，也非新的神灵，它是属于全体国民的、具有内在价值的命运共同体。不管你喜欢她还是憎恨她，她总是在那里，而且内化为每个人命运的一部分。因此，每一个公民都有责任为自己理想中的民族国家共同体而努力，参与国族建构和制度建构，让我们的国家真正成为值得每一个公民去爱、引以自豪的身心家园。

（四）平天下

以自我为出发点的家国天下连续体中，家国不过是中介物，最重要的乃是自我和天下这两极。

天下在古代中国有两个有密切相关的含义：一个是普遍的宇宙价值秩序，类似西方的上帝意志，与天命、天道、天理等同，是宇宙与自然最高之价值，也是人类社会和自我的至善所在。另一个是从小康到大同的礼治秩序，是人类社会符合天道的普遍秩序。前一个“天下”，因为是作为价值体的天命、天道、天理，不必经过家国的中介，自我可以与其沟通。孟子有“天民”之说，后来被宋明理学特别是阳明心学发扬光大。个人的内心因为先天拥有良知，可以直接与天理打通，良知即天理，天理即良知，自我与天下有直接的通道，不必经过家国的转手。后一个“天下”，乃是现实世界中的文化伦理秩序，个人若要与“天下”打通，必须经过“齐家治国”，才能达致“平天下”，家国又成为从自我到“天下”不可缺少的中间环节。

“平天下”是儒家“修齐治平”治国方略的最后环节，也是儒家政治思想的最高理想，即实现儒家的最高社会理想——建立所谓的“天下为公”的“大同社会”。《礼记》中的《礼运》篇描述了大同世界的社会景象：“大道之行也，天下为公。选贤与能，讲信修睦，故人不独亲其亲，不独子其子，使老有所终，壮有所用，幼有所长，矜寡孤独废疾者，皆有所养。男有分，女有归。货恶其弃于地也，不必藏于己；力恶其不出于身也，不必为己。是故谋闭而不兴，盗窃乱贼而不作，故外户而不闭，是谓大同。”这是一幅理想化了的传说中的尧舜时代的社会图景，也是儒家政治理想的最高境界。大同世界描绘的是一个人人敬老、人人爱幼，无处不均匀、无处不保暖的理想社会。在这里，“天下为公”，人人是社会的一员，社会有每人的一份，衣食丰足，地位平等，真正实现了人自身的身心和谐、家庭内部的和谐、社会人与人之间的和谐。这是普天之下的最大和谐，是和谐理念的最高境界。和谐作为“修身齐家治国平天下”的基本精神，中国历史上一直坚持儒家“和为贵”的理念，信奉“和而不同”，对内安邦定国，对外协和万邦，在中国历史上产生了巨大影响，促进了民族凝聚力和文化认同感，维护了中国历史的长期和谐统一。时至今日，儒家的和谐思想不仅有助于建设和谐中国，也有助于建设和谐世界。“天下同归而殊途，一致而百虑。”追求和谐不仅仅只是儒家文明的精髓，更应成为现代文明社会所追求的主要价值目标。儒家自古以来“协和万邦”“和而不同”的和谐天下的精神，不但能够成为中华民族精神之树的树干，而且完全可以成为世界性的精神资源。儒家的和谐思想可以提供解决国际冲突、和平共处、互不干涉、共同发展的理论思想，成为处理国际关系的准则。“和”可以使不同的方面甚至对立的双方相互沟通，化解冲突，回避对抗，和而不同，以求得共生共赢，达到新生的和谐世界境界。

而修齐治平有先后顺序吗？杜维明先生说：“从修身、到齐家、到治国、到平天下，绝对不是线性思维。”所谓的“不是一种线性的思维”是什么意思呢？就是说，并不是说我修身好了才能去齐家，齐家好了才能去治国，治国好了才能去平天下，所以我就一直不去平天下，我就一直在家里修身了，当然不是，而是在修身、齐家、治国、平天下的过程中，不断地提升在这四个方面的素养。

四、内圣外王

（一）内圣

朱熹将“八条目”分为两段：“自格物至修身，自浅以及深；自齐家至平天下，自内以及外。”《大学》中提出，欲明明德于天下者，要经历格物、致知、诚意、正心、修身、齐家、治国、平天下这八个环节。其中，修身以上的“格物、致知、诚意、正心”四者，主要专注于心性修养，是“内修”即“内求于己”，这属于个人修养的层面，也是儒家所倡导的“内圣”之学。

《大学》提及了诸多不同修为境界的人格形态，“小人、民、人、君子、贤人、仁人、圣人”，这些概念代表了不同的道德修养和人格境界的区分。在《大学》的修为境界中，小人属于最低层次。就社会地位而言，它是对人的出身、身份的指称，指的是处在社会下层的普通民众；就道德层次而言，它是对人的道德评判，属于人格范畴，指的是缺乏文化修养且道德水平低劣之人。第二个层级是民，《说文解字》云：“民，众萌也。”段玉裁注曰：“萌犹懵懵无知貌也。”也就是说，民处在一种民智未开的状态，恰似懵懂无知的孩童，往往需要圣人或君子的指引或领导才能走向觉悟。民内心的“明德”还处于沉睡之中，需要他人引导，才能“明明德”。民是懵懂的、未“明明德”之人，而小人则是走向极端的、无“明德”之人。因此，在修为层次上，民要高于小人。第三个层次是人，《说文解字》解释说：“天地之性最贵者也。”相对于民而言，其“明德”已经被开发出一部分，因而具有善的一面，但是并不完全。处在“人”这一人格境界的人，其“明德”是时隐时现的，他们有善的一面，也有不善的一面，会有情感和认识的偏好，无法达到君子的人格境界。第四个层次是君子，指的是处于社会上层的统治者、贵族，或是文化修养高、具有高尚道德的人。“君子乐得其道，小人乐得其欲。”(《礼记·乐记》)君子和小人在人格上就是两个极端。第五个层级是贤人，他们重视高尚品德，在任何环境下都坚守道德与精神。在孔子眼里，颜回是贤人的代表，“贤哉，回也！一箪食，一瓢饮，在陋巷，人不堪其忧，回也不改其乐。贤哉，回也！”第六个层次是仁人，他们的标准要比君子、贤人高得多。而位于《大学》人格道德修为最高层的是圣人。何为圣人？《论语》认为圣人是《大学》中所设定的理想人格目标，是能够实现“明明德”“亲民”“止于至善”的大人物，是能够做到“平天下”的人。《大学》中并没有直接提及圣人的语句，而是提到了被后世尊为圣人的文王、尧、舜。可见，圣人是儒家所设立的一种最理想的人格形态，是智慧与道德并重，并能教化万民的近乎神人的人物。他是一个引导人们不断完善自我，达到“止于至善”这一终极目标的精神指向。

徐复观先生说《大学》是“将自然生命不断地向德性上提，决不在自然生命上立足，决不在自然生命的要求上安设人生的价值。”

《大学》的意义就在于，当一个人通过后天的良好的教化、修养、陶冶之后，能够把内在清净无染的本性发展出来，从而成为一个真实的人。这样，孔子把成为君子的机会给予了每一个人。这正是孔子君子人格理论最积极的价值和现实意义所在。《论语·雍也篇》中有言：“子曰：‘质胜文则野，文胜质则史。文质彬彬，然后君子。’”这里的“文”，指的是文化知识；“质”，指的是天生的本质。“孔子说：‘当一个人的自然属性战胜了教育效果，他就是一个粗俗不堪的人；而当教育效果战胜了人的自然属性，他就会变得很有涵养。只有当人的自然属性和教育效果完美地结合在一起，我们才能看到一个既聪明又品德高尚的人。’”

（二）外王

修身以下，“齐家、治国、平天下”，系君子之行为规范及治政之事，属于儒家的“外王”之学，其是“外治”。其中，“外王”即“外用于世”，主要指的是社会政治层面。这一理念的意图主要在于彰明儒家“为政以德”的观念以及“道德转化为政治”的思想。

而其中的“修身”一环，则是联结“内修”和“外治”两方面的枢纽。它与前面的“内修”项目连在一起，意味着“独善其身”；同时，它与后面的“外治”项目连在一起，成为后三者（齐家、治国、平天下）的前提和基础，后三者则是修身的表现和结果，即“兼善天下”。由此可见，“内圣外王”是指一个人将自己的内心锻炼到无比强大之后，由内而外自然绽放，进而影响周围的环境甚至更远的地方。

近世梁启超极其推重“内圣外王”，他说：“‘内圣外王之道’一语，包举中国学术之全部。其旨归在于内足以资修养而外足以经世，所谓‘古人之全’者即此也。”并对“内圣外王”作出了解释：“儒家哲学，范围广博。概括说起来，其用功所在，可以《论语》‘修己安人’一语括之。其学问最高目的，可以《庄子》‘内圣外王’一语括之。做修己的功夫，做到极处，就是内圣；做安人的功夫，做到极处，就是外王。”

再比如冯友兰先生的人生境界说，他认为每个人都有境界，这是人不同于并高于动物之处。因为人有“觉解”而动物没有，所以人有境界而动物没有。“觉解”是“觉”与“解”的合集，“解”是了解，“觉”是自觉。冯友兰先生认为人与人之间的“觉解”能力不同，具体分为自然境界、功利境界、道德境界和天地境界四个境界。这四个境界是人格品性的四个阶段和四个层次。自然境界是起始人格，由于“觉解”能力低，行为依赖本能或模仿，其行为是“顺才”或“顺性”。功利境界是“为利”，是为自己的私利，有时行为结果利己也利人，甚至利人没利己，但行为的动机是为己，所以依然是功利境界。道德境界也“为利”，但为的是有“义”之“利”，为的是他人之利，可能事与愿违，没能办成为他人的好事，但依然是道德境界。天地境界是圣人之境、最高的人格理想，虽难以至，但景仰之、向往之。“觉解”能力的升华，不仅了解万物、知道自己和他人，而且觉解天地宇宙，超越万物（包括人），事天、融天、乐天，修身齐家治国平天下，不仅内圣，而且外王。

《论语·微子篇》篇有几段关于孔子对那些隐逸之士的议论：楚狂接舆歌而过孔子曰：“凤兮！凤兮！何德之衰？往者不可谏，来者犹可追。已而，已而！今之从政者殆而！”孔子下，欲与之言。趋而避之，不得与之言。朱子注曰：“孔子下车，盖欲告之出处之意。”这是说，孔子想告诉他，避世无为不是一种积极的人生态度。

长沮、桀溺耦而耕，孔子过之，使子路问津焉。长沮曰：“夫执舆者为谁？”子路曰：“为孔丘。”曰：“是鲁孔丘与？”曰：“是也。”曰：“是知津矣。”问于桀溺，桀溺曰：“子为谁？”曰：“为仲由。”曰：“是鲁孔丘之徒与？”对曰：“然。”曰：“滔滔者天下皆是也，而谁以易之？且而与其从辟人之士也，岂若从辟世之士哉？”耰而不辍。子路行以告。夫子怃然曰：“鸟兽不可与同群，吾非斯人之徒与而谁与？天下有道，丘不与易也。”

孔子认为自己与长沮、桀溺不是一路人。正因为天下滔滔，所以他才如丧家之犬到处奔波，甚至知其不可为而为之。他气愤地认为，那种不以天下家国之责为己任的人不是人，而是“鸟兽”。对此，朱子注曰：“岂可绝人逃世以为洁哉？”“正为天下无道，故欲以道易之耳。”程子注曰：“圣人不敢有忘天下之心，故其言如是也。”

在“子路从而后”章中，子路还有一句话：“不仕无义。长幼之节，不可废也；君臣之义，如之何其废之？欲洁其身，而乱大伦。君子之仕也，行其义也。道之不行，已知之矣。”他认为，不为国家服务，是不符合道义的。为了保住自己干净的名声，却违背了儒家的大伦理。君子为国家社会服务，是在为道义而行，实际上，对于国家、社会的无道，我们都是清清楚楚的。这里，子路所强调的就是儒家的责任与担当精神。孔子周游列国，是为了推销自己的政治理想与治国理政的主张。

孙中山先生仍然颂扬它：“中国有一段最有系统的政治哲学，在外国的大政治家还没有见到，还没有说到那样清楚的，就是《大学》中所说的‘格物、致知、诚意、正心、修身、齐家、治国、平天下’那一段的话。把一个人从内发扬到外，由一个人的内部做起，推到平天下止。像这样精微开展的理论，无论外国什么政治哲学家都没有见到，都没有说出，这就是我们政治哲学的知识中独有的宝贝，是应该要保存的。”[①]

（三）内圣与外王

总的来说，内圣强化了内在的道德修养，规范了儒者日常生活的轨道和精神生活的途径，决定了其生命的方向和政治的理想（牟宗三语）。另一方面，外王则表明儒者自身担负的责任，对国家社会的义务和“厚德载物，博施于民”的淑世情怀。内圣之道必须践行到外王之实务中，儒者不一定要真正成为王，但是他需要在日常生活中以身载道，遵守他的哲学信念而生活。所以，中国的人生哲学不在书斋中，不在头脑里，而在行动中。因此，看似“内圣”只是个人修养，但它必须依赖具有社会性的“外王”才得以存在。所以，中国传统的人生哲学是真正的实践哲学。

所以，一个儒者既要解决与个人安身立命相关的信仰或意义问题，又要为他人作出表率、示范，转移世俗风气，致力于建立一个和谐社会，以

① 中国社科院近代史研究所：《孙中山全集》第 9 卷，中华书局，2006。

解决社会的秩序和安排问题。“内圣外王”是立己立人、成己成物之仁的一体两面。内圣以外王为依托，外王以内圣为基础，这两个方面如车之两轮、鸟之双翼，互为资源、相得益彰。正如余英时先生所指出的：“这个复杂理想的双重使命并非意指这两种使命是经由两个明显不同、各自遵循自己理路、而最后在它们发展的最高层次上相互重叠的过程。相反的，这个理想的含义是：外王是从内在完成的内圣的光辉的散发而得到的。此理想根本上立足于一个基本命题，即自我的道德修养本质上不仅仅是目的，并且还是达成大同世界的一种手段。”可以说，内圣外王体现了儒家成圣成仁和仁民爱物的理念融合，揭示了个人价值与社会价值的和谐统一，彰显了人格理想塑造与现实政治需求的相辅相成，以及自我关怀与现实关怀的完美结合。内圣外王之道构成了儒家伦理政治学的最核心的内容。内圣外王之道为个体提供了一个终极价值目标。它与西方借助上帝来实现人生的终极目标不同，它对人生崇高的体验是通过人自身，即通过个人对理想人格的追求——以天下为己任来实现，即通过正心、诚意、修身来达到齐家、治国、平天下。这是个人主义价值观所陶冶的只追求个人成功的人格所不可比拟的。儒家认为圣人应该“为天地立心，为生民立命，为往圣继绝学，为万世开太平。”尽管现实中没有几人有这样的使命感，有这种使命感的人中也没有几个能达到圣人的境界，但圣人作为一种理想人格，可作为人们道德修养的目标，构成人生追求的神圣意义。道德本身是对人的本能的超越，是对人的实际行为的超越。儒家思想的浪漫气质和形而上学的表述，具有深沉厚重的悲壮意蕴。正因为这样，它虽一直未真正体现于历史上的政治之中，但却一直为中国人提供着终极精神关怀。

所以大家看，我们今天学的这短短的几十个字，以儒家为主的伦理道德规范不仅使个体与社会整体保持了一致，而且实现了整合社会、统一民众思想、维护社会稳定的功能。另一方面，儒家为人们提供了一套安身立命的心灵秩序。儒家的安身立命的原理就是"修身养性、内圣外王"。两千多年来，一代又一代中国知识分子秉持着"穷则独善其身，达则兼善天下"（《孟子·尽心下》）的信念，把生命的历程铺设在这一阶梯之上，充满了入世理想与人文主义精神。它既不追求过于冷峻的理性思辨，也不向往过于神秘的宗教体验，而是立足此岸，面向人间，面向人生，充满了脉脉温情。在天地人三才中，它突出了人的尊贵性、可发展性，给人以现实生活的勇气和力量。同时，它还告诫人们，"人皆可以为尧舜"，人人都有成为圣人的可能；"太上有立德，其次有立功，其次有立言"，人人都可以创造不朽的价值，给人以生存发展希望和荣耀。

所以，《大学》作为"四书"之首，实际上影响的不仅是一代人，而是一代又一代的人。因为自元代开始，《大学》就被列为科举考试的内容，并成为科举考试的依据，直至清末科举制度废除，它深刻影响了中国的知识分子。这批中国知识分子又通过自己的行为，进一步影响了中国的社会风俗，最终凝炼出中国人的信仰和气节，并形成了一种中华民族的民族心理。它塑造了一代又一代中国知识分子的人格心理，时至今日，仍然在我们身上发挥着潜移默化的作用。

王国维曾说，"有境界则自成高格。"这意味着要超越个人的"小家"，勇于担当社会的"大家"，以自己独有的方式去感知、介入和影响世界。我希望，在未来，无论同学们无论远处江湖还是高居庙堂，都能始终怀揣着对国家、民族和人类的使命与责任，去追求那份担当"大家"而"自成高格"的境界。我更希望，在未来，同学们都将对"自我"的关注融入对"世界"的观照之中，在解决人与自我、人与自然、人与社会的各种问题时破浪前行。让每一个平凡的"自我"都折射出"世界"非凡的意义，展现出深厚的文化底色、浓烈的家国情怀、宽广的世界眼光和现代的意识，不断涵养出浩然天地的气度。

思考与讨论题

1. 要达到身修的目标，需要经过哪些步骤？

2. “修、齐、治、平”四者的关系如何？

3. 试表述“八条目”：“格物、致知、诚意、正心、修身、齐家、治国、平天下”之间的关系。

参考书目

1. 傅佩荣 . 傅佩荣译解大学中庸 [M]. 北京：东方出版社，2012.

2. 朱熹 . 朱子全书：第 6 册 [M]. 上海：上海古籍出版社，2010.

3. 陈来，王志民 . 大学解读 [M]. 济南：齐鲁书社，2019.

第三章

物格而后知至

内容提要

“三纲领”既是《大学》的纲领旨趣，也是儒学“垂世立教”的目标所在。

“八条目”是为达到“三纲领”而设计的条目工夫，也是儒学为我们所展示的人生进修阶梯。

第一节　原文释义

【原文】

物格而后[①]知至；知至而后意诚；意诚而后心正；心正而后身修；身修而后家齐；家齐而后国治；国治而后天下平。自天子以至于庶人[②]，壹是[③]皆以修身为本[④]。

其本乱而末[⑤]治者，否矣。其所厚[⑥]者薄[⑦]，而其所薄者厚，未之有也[⑧]！

【注释】

① 而后：不是指时间上依序，这里的“而后”指的是依序列为目标。

② 庶人：指平民百姓。

③ 壹是：都是。

④ 本：根本。

⑤ 末：相对于本而言，指枝末、枝节。

⑥ 厚：重视。

⑦ 薄：轻视。

⑧ 未之有也：即未有之也。没有这样的道理（事情、做法等）。

【译文】

推究了事物的原理，然后就会拥有知识；拥有了知识，心意就会诚实；

心意诚实了，内心自然就会端正；内心端正了，才能修养品性；自身修养好了，家庭就会得到整治；家庭整治好了，国家也就能获得治理；国家治理好了，就能使天下太平。从天子到普通百姓，一律都要把修身作为根本。根本问题没有抓好，而要把其他枝节问题解决好，那是不可能的。他所重视的反而薄弱，他所轻视的反而厚重，从来没有这样的事情。

第二节　授课讲义

一、《大学》与大学

《大学》《中庸》《论语》《孟子》是中国传统文化的儒学经典，被誉为“四书”。《大学》更是被视为儒学经典的入门之作。《大学》全篇虽然只有两千多字，却是儒家学说的总括性著作。它以相当成熟的理论思维构建了中国封建社会儒家人生教育的总体框架。全篇将道德修养和政治议论结合在一起，将人生哲学和政治哲学融为一体，是儒家“入世”思想的全面体现，既是儒家人生教育的道德纲领，也是维护封建宗法制度的政治纲领。“大”体现在教学对象年龄较大上。古时，孩子八岁入小人之学，学习洒扫、应对、进退之节，以及礼乐、射御、书数之文；而十五岁入大学，学习伦理、政治、哲学等“修己治人，治国安邦”的高深学问。其实，后一种含义与前一种也有相通之处，都蕴含了“博学”的意味。

“大”体现在学习内容上，通“博”，意味着涉及的知识范围更广。用我们今天的话来讲，就是从具体到抽象、从点到面、从现象到本质、从感性到理性的升华过程，也是实现从“是什么”到“为什么”的转变。

“大学”在现代也指高等教育机构。“大学的根本”在于彰显人的美德，推动天下人弃旧图新，以及帮助人们达到最好的境界。现代大学具备三大功能：人才培养（核心），科学研究（途径），以及服务社会（目的）。许多现代大学的校训源于《大学》一文，例如河南大学的校训是“明德、新民，止于至善”，厦门大学的校训是“自强不息、止于至善”，香港大学的校训是“明德格物”。

二、内圣外王

（一）修身连接内圣外王

在“八条目”中，格物、致知、诚意、正心、修身这五条主要讲述的是“内圣”之道；而齐家、治国、平天下则主要讲述的是“外王”之道。其中，“修身”是连接“内圣”与“外王”的中心环节。

《大学》认为，“修身”的重要途径在于格物致知。汉代学者郑玄在《礼记注释》中对此进行了解释：“知是对于善、恶、吉、凶因果关系的认识。格，是招致，引来的意思。物，是事的意思。如果我们的认识趋于善，就会引来善事，如果我们的认识趋于恶，就会引来恶事。就是说事是按照人的思想追求发生的”。《大学》十分注重人的动机，这一点与康德的道德哲学有着相近之处。康德的“绝对律令”强调，行为的动机不应仅仅为了满足欲望或追求功利的目的。他认为，每个人都应该被视为目的，而不是手段或工具。为了维护人的利益和社会的秩序，个体应该能够自律。上述郑玄对《大学》中“格物致知”的解释基本符合其原意。而朱熹根据程颢、程颐的观点，对“格物致知”作了新的解释。在《四书集注》中，朱熹对

“格物致知”进行了详细解释。他认为，“物”是事物，“格”是探究、穷尽的意思，“致”是推极，“知”是认知。朱熹主张，“人心都是有认识能力，任何事物都含有理。不穷尽理，认识就不完全。要认识完全，达到顶点，就要在与事物接触时穷尽其理。在他看来这就是‘格物致知’，或者说是‘物格’‘致知’。应该说，朱熹的解说已经不完全符合《大学》的原意。按原意，知是对‘至善’的认识，认识到‘至善’，行为就端正。经过朱熹的解释，‘格物’成为‘知’的手段。”[①] 但需要注意的是，朱熹所说的事物，并不是指客观存在的物质现象，而是指人们从事的社会活动。他所说的“格物”的“格”，也不是指人在实践中对于自然社会“物”进行考察、研究，而是指以“诚意”“正心”为内容的心理体验。朱熹提倡“格物”“致知”，其目的是要引导人们控制和驾驭自己的欲望，学会调节不良情绪和情感，从而达到人格的不断完善。

“正心诚意”。从孟子到宋明理学，这一思想被称为“心性之学”。其中，“欲正其心者，先诚其意”，“意诚而后心正”，孟子的“存心”“求放心”“不动心”等都是属于“正心”的范畴。人类的第二次启蒙，从某种角度说，就是面对七情六欲、灯红酒绿时，要善于“正心”。人的欲念层出不穷，加之环境的诱惑，“正心”成为了人生和进入社会的一件难事。正如王阳明所说的“破山中贼易，破心中贼难”，关键是要“意诚”。一句话、一个行动，是善是恶，心中清清楚楚、明明白白，不欺骗自己，这就是“意诚”，“诚意”是人鬼关。做坏事一般分两种情况，一种是无心之过或好心办坏事，另一种是心知肚明地做坏事。第一种情况是未过“格物”关，需要做“格物致知”的功夫，第二种情况是未过“诚意”关，需要做真心诚

---

① 刘俊田，等：《四书全译》，贵州人民出版社，1988，第 4 页。

意的功夫。[1] 后一种情况主要症结在自欺，因此需要慎独。《大学》说："所谓诚其意者，毋自欺也。如恶恶臭，如好好色，此之谓自谦，故君子必慎其独也。"后来王阳明说"吾心自有光明月，千古团圆永无缺"，这也是同一个言说逻辑。

正心诚意也是现实政权价值合法性的最根本依据。史载，朱熹曾三次面见孝宗，每次开篇必讲《大学》，目的是要格君心之非，然后才分析判断形势等。人人皆知孝宗黄帝讨厌"正心诚意"之说，第二次面见孝宗帝时，有人提醒朱熹："'正心诚意'之论，上所厌闻，慎勿复言。"朱熹断然答道："吾平生所学，惟此四字，岂可隐默以欺吾君乎？"在朱熹看来，"格物致知""正心诚意"并非单纯学问问题，也非单纯的道德学说，而是理学构建起来的"道统论"的核心内容。支撑"人心惟危，道心惟微。惟精惟一，允执厥中。"这十六字历代圣王相传的心法要诀，是支撑"道统"的核心理念，说的就是"正心诚意"之事。政权的合法性，亦即政体的合法性的最后依据是"道统"，类似于西方的自然法和宪法。"正心诚意"是打通政治和道德、内圣和外王的关键。

"内圣"是指人内在涵养，即正心诚意，"外王"指将主体修为推之于社会，使社会风气变化，百姓安居乐业。"内圣"的修养方法应用于人际交往中就是讲求絜矩之道，即以推己度人为标尺的人际关系处理法则，指内心公平中正，做事中庸合德。这和孔子所说的"已欲立而立人，已欲达而达人"可以相互印证，"内圣外王"之道和"忠恕"之道也是互通的。"格物致知""正心诚意"都指向"修身"，修身要克服五种弊端（人心不正有五种弊端：愤怒、恐惧、好乐、忧患、心不在焉）。当人心出偏时，行为就会出问题，因此管控情绪十分重要，管控情绪靠的是修养功夫。管控情绪

---

① 李文堂：《人文经典导读》，漓江出版社，2015，第 65 页。

讲求中庸之道（君子忧而不惧，悦而不喜，调其度、适其正、得其中），不该去喜那些不必喜、不该喜、不可喜、不能喜的事物，不应当去怒那些不必怒、不该怒、不可怒的人和物。在情理之间作出决断。这与“内圣外王”之道和“忠恕”之道都可以互相印证。

作为《大学》中“经”一章的结语是：物格而后知至，知至而后意诚，意诚而后心正，心正而后身修，身修而后家齐，家齐而后国治，国治而后天下平。自天子以至于庶人，壹是皆以修身为本。其本乱而末治者，否矣。其所厚者薄，而其所薄者厚，未之有也。

“修身齐家治国平天下”是传统社会的一套治国方略，《大学》中给出了这一方略的基本框架结构。了解这个基本的框架结构，对于进一步学习《论语》《孟子》《中庸》等儒家经典，以及更深入地了解儒学，都奠定了很好的前提和基础。“物格而后知至，知至而后意诚，意诚而后心正，心正而后身修，身修而后家齐，家齐而后国治，国治而后天下平。”这一推理逻辑非常清晰：不能修身就不能齐家，不能齐家就不能治国，不能治国就不可能为实现天下太平作出应有的贡献。这个道理既浅近又合乎逻辑，是古今通理。上至帝王、总统，下至黎民百姓，在21世纪的信息化、网络化、智能化社会中，都应从修身开始。下面，我们不妨做一些与现实相联系的启发。

（二）“而后”的启示

在伦敦闻名世界的威斯敏斯特大教堂地下室的墓碑林中，有一块名扬世界的墓碑。它没有姓名，没有生卒年月，甚至上面连墓主的介绍文字也没有。每一个到过威斯敏斯特大教堂的人，他们可以不去拜谒那些曾经显赫一世的英国前国王们，可以不去拜谒诸如狄更斯、达尔文等世界名人，但他们却没有人不来拜谒这一块普通的墓碑。他们都被这块墓碑深深地震撼着，准确地说，他们被这块墓碑上的碑文深深地震撼着。据说，许多世界政要和名人看到这块碑文时都感慨不已。有人说这是一篇人生的教义，有人说这是灵魂的一种自省。

威斯敏斯特教堂碑文墓志铭译文：

当我年轻的时候，我的想象力从没有受到过限制，我梦想改变这个世界。

当我成熟以后，我发现我不能改变这个世界，我将目光缩短了些，决定只改变我的国家。

当我进入暮年后，我发现我不能改变我的国家，我的最后愿望仅仅是改变一下我的家庭。但是，这也不可能。

当我躺在床上，行将就木时，我突然意识到：

如果一开始我仅仅去改变我自己，然后作为一个榜样，我可能改变我的家庭；在家人的帮助和鼓励下，我可能为国家做一些事情。然后谁知道呢？我甚至可能改变这个世界。

真的，要想撬起世界，它的最佳支点不是整个地球，不是一个国家、一个民族，也不是别人，它的最佳支点只能是自己的心灵。要想改变世界，你必须从改变你自己开始。要想撬起世界，你必须把支点选在自己的心灵上。

当年轻的纳尔逊·曼德拉看到这篇碑文时，他顿然有醍醐灌顶之感，声称自己从中找到了改变南非甚至整个世界的金钥匙。回到南非后，这个原本赞同以暴抗暴来填平种族歧视鸿沟、志向远大的黑人青年，一下子改变了自己的思想和处世风格。他从改变自己、改变家庭和亲朋好友着手，历经几十年，终于改变了他的国家。

曼德拉，南非首位黑人总统，被尊称为南非国父。他成功地组织并领导了“蔑视不公正法令运动”，因此赢得了全体黑人的尊敬。他于1994年至1999年间担任南非总统。曼德拉曾在牢中服刑长达27年，而在其40年的政治生涯中，他获得了超过一百项奖项，其中最显著的便是1993年的诺贝尔和平奖。1991年，被关押了27年的曼德拉获释出狱，并在随后的大选中获胜，当选南非总统。当年负责看押曼德拉的狱警格列高，看到曼德拉当选总统的新闻后，惶惶不可终日。因为曼德拉在狱中时，他和另外两名狱警曾对其施以种种虐待——他们把曼德拉关在锌皮房里，不是让他去采石头，就是下到冰冷的海水里捞海带，夜晚还要限制他的一切自由。不仅如此，他们还经常侮辱曼德拉，动不动就用铁锹殴打他，甚至故意向饭菜里灌泔水，强迫曼德拉吃下。不久，格列高和另两名狱警意外收到了曼德拉邀请他们出席总统就职仪式的信函。三人心里惴惴不安，想这必定是“鸿门宴”，但又不敢不去，只好硬着头皮前往。然而，让格列高他们没有想到的是，在就职仪式上，曼德拉向记者介绍完来自世界各国的政要后，随即把三人介绍给所有政要，并热情地与他们三人一一拥抱。格列高和两名狱警受宠若惊，又惊慌失措。他们想不明白，曼德拉为什么会这样对待他们，按理说不是应该严厉地惩罚他们一下才对吗？仪式结束后，曼德拉再次走到了格列高和两位狱警的身边，平静地说：“我今天之所以邀请你们出席我的总统就职仪式，就是想要告诉你们，在我走出囚室、经过通往自由的监狱大门那一刻，我已经清楚，如果自己不能把悲伤和怨恨留在身后，那么我其实仍在狱中。我现在已经放下了，请你们也放下！”听了曼德拉的话，格列高禁不住泪流满面。那一刻他终于明白，告别仇恨的最佳方式是宽恕。

胸襟博大的人，思想绝不会被禁锢在狭小的怨恨之中。原谅他人，其实是在升华自己。

我们再来感悟一下文中“而后”的含义：这里的“而后”并非指时间上的顺序，而是指依序列为目标。我们会给自己设立很多目标，包括生活目标和职业目标。这些目标在不同类型、不同层次上都会对自己、对他人和社会产生影响。

（三）德治与法治

在《论语·为政篇》中，子曰：“道之以政，齐之以刑，民免而无耻；道之以德，齐之以礼，有耻且格。”法律和道德是现代国家治理不可缺少的两种重要手段。习近平总书记在中央全面依法治国工作会议上指出：“要坚持依法治国和以德治国相结合，实现法治和德治相辅相成、相得益彰。”坚持依法治国和以德治国相结合，是中国特色社会主义法治道路的鲜明特征，是建设社会主义法治国家必须遵循的基本原则。

法安天下，德润人心。

法律和道德都是具有一定约束性的规范体系。德治重在自律，具有调节性、劝导性，能够滋润社会成员的心灵；法治重在他律，具有强制性、威慑性，可稳定人们的预期，规范社会成员的行为。道德是内心的法律，法律是成文的道德。道德的践行离不开法律约束，法律的实施有赖于道德支持。德治是我国国家治理的重要优势和优良传统，其发挥作用需要道德的教化与践行。法治是现代国家治理的基本方式，法治运行得好需要有内容完备且有效实施的法律。在一些法律难以规范的领域，道德可以发挥作用；而对于道德无力约束的行为，法律可以给予引导和惩戒。国家治理需要法律和道德协同发力，法治和德治两手都要抓。坚持法治和德治相结合，是中国特色社会主义法治道路的一大优势。在全面建设社会主义现代化国家的新征程上，我们应坚持以习近平法治思想为指导，建设社会主义法治国家，将法治建设和道德建设更加紧密地结合起来。习近平总书记指出：

“坚持全面依法治国，是中国特色社会主义国家制度和国家治理体系的显著优势。我国社会主义法治凝聚着我们党治国理政的理论成果和实践经验，是制度之治最基本最稳定最可靠的保障。要推进全面依法治国，发挥法治在国家治理体系和治理能力现代化中的积极作用。”[①]

三、中国优秀传统文化的当代价值

（一）中国优秀传统文化与你、与我

你们是大学生，通过大学系统专业的学习，毕业时将具备一个职业基本的从业资格。而我，既是大学教师，也是一个孩子的家长。我们都可以在中华优秀的传统文化中汲取到修身养性的宝贵资源。中华优秀传统文化是涵养社会主义核心价值观的重要源泉，它承载着中华民族的精神命脉。

关于学习，“学而时习之，不亦说乎。”“学而不思则罔，思而不学则殆”。

关于朋友和友情、社会交往，“有朋自远方来，不亦说乎。”“君子之交淡如水，小人之交甘若醴。”“三人行，必有我师焉：择其善而从之，其不善者而改之。”

关于自身，“见贤思齐焉，见不贤而内自省也。”“穷则独善其身，达则兼济天下”“静以修身，俭以养德，非淡泊无以明志，非宁静无以致远。”

主张以德治国，以文化人，强调与人为善，己所不欲勿施于人，仁者爱人，出入相友，守望相助。

君子坦荡荡，小人长戚戚。

---

① 习近平：《推进全面依法治国，发挥法治在国家治理体系和治理能力现代化中的积极作用》，《求是》2020 年 11 月第 22 期。

君子喻于义，小人喻于利。

君子爱财取之有道，用之有度。

勿以恶小而为之，勿以善小而不为。

我们每一个中华儿女，都是中华优秀传统文化的学习者，同时我们也要做好文化的继承者和传播者。

（二）中国优秀传统文化与民族、国家

中华优秀传统文化是中华民族的“根”与“魂”。习近平总书记指出：“优秀传统文化是一个国家、一个民族传承和发展的根本，如果丢掉了，就割断了精神命脉。”“文明特别是思想文化是一个国家、一个民族的灵魂。”中华民族五千多年文明历史所孕育的中华优秀传统文化，代表着中华民族独特的精神标识，是中华民族生生不息、发展壮大的丰厚滋养。“不忘本来才能开辟未来，善于继承才能更好创新。”

历史和现实都表明，一个国家、一个民族如果不珍惜自己的思想文化，丢掉了思想文化这个灵魂，这个国家、这个民族是立不起来的。抛弃传统、丢掉根本，就等于割断了自己的精神命脉。我们是一个多民族的国家，在民族融合的过程中，文化的融合是一个重要的桥梁。儒家文化中的“和”的思想，就是我们今天在处理很多问题时的大智慧。我们所追求的“和”，并不是完全一致，而是“和而不同”，即“求大同、存小异”。

比如，我们国家现行的民族政策是民族区域自治制度，形成大杂居、小聚居的分布状态，展现了56个民族大繁荣的团结局面。你中有我，我中有你。在人类文明史上，古代中国、古代印度、古代埃及、古代巴比伦、古代希腊等文明古国中，有的衰弱了，有的落后了，有的断代了，有的消亡了。唯有中华民族，一直延续并创造着五千多年有文字记载的连绵不断的文明历史，一直延续并创造着博大精深的中华文化，为人类文明与进步

作出不可磨灭的贡献。而且，中华文化将56个民族、14亿多人紧密团结在一起，共存共荣，共同发展。中华文化凝聚着中华民族共同经历的奋斗历程，蕴含着中华民族共同培育的民族精神，贯穿着中华民族共同坚守的理想信念，是中华民族共同创造的精神家园。中国能够作为一个历史悠久的多民族文明古国持久发展，具有强大凝聚力和包容性的中华文化功不可没。无论是中国人，还是全世界的华人华侨，都充分认同中华文化这一“民族文化血脉”。孔子及其学说，不仅得到海峡两岸的充分认同，而且得到全世界华人华侨的充分认同。我们有充分的理由认为，中华文化的“民族文化血脉”作用，不仅在中华民族的形成、发展中发挥着重要作用，而且必然在实现祖国统一中发挥更大的作用。古人说，“天行健，君子以自强不息”；“大学之道，在明明德，在亲民，在止于至善”；“富贵不能淫，贫贱不能移，威武不能屈”等，这些都是中华民族“精神命脉”的具体体现。有了这种“精神命脉”的传承与延续，在民族危机到来时，我们就可以同仇敌忾，共赴国难。

有了这种“精神命脉”的传承与发扬光大，中国改革开放后，就能够“面向现代化，面向世界，面向未来”，秉持中华民族“兼收并蓄”的“包容精神”，大踏步赶上世界发展潮流，实现“会当凌绝顶，一览众山小”的宏伟愿景。

（三）中国优秀传统文化与天下、世界

当“天下”遭遇“世界”，治国、平天下依然是我们的最高目标。

【案例】

清乾隆五十八年（公元1793年），乾隆皇帝接见了英国使臣。

这一年是乾隆皇帝八十三岁寿辰，避暑山庄的澹泊敬诚殿内张灯结彩，隆重的万寿庆典活动在此举行。文武百官、国外使节纷纷行三跪九叩礼，恭祝乾隆皇帝万寿无疆。关于英国使团一行人这天朝见乾隆时，是否行了三跪九叩礼，中外史学界一直存在争论。《清史稿·高宗皇帝本纪》记载，英国使节马嘎尔尼等虽然不习惯叩头，但在皇帝面前还是跪了下去。马嘎尔尼的亲戚、英国使团秘书温德在当天的日记中写道："当皇帝陛下经过时，有人通知我们走出帐篷，让我们在中国官员和鞑靼王公对面排好队伍。我们按当地的方式施了礼，也就是说，跪地、叩头九下。"看来，英国使臣一行最后还是顺从了中国的礼仪。然而，清朝御用画师郎世宁所绘的《马嘎尔尼觐见乾隆图》中，乾隆高傲地卧坐于龙椅之上，而英国使臣马嘎尔尼则是很不服气地单膝跪于龙椅前——究竟他是否行了三跪九叩礼，就很难说了。不管争论结果如何，后来的结局是，乾隆对此很不高兴，因而对英国使臣提出的通商要求，以"与天朝体例不合"为由，一一驳回。马嘎尔尼的使命最终以失败告终。

嘉庆二十一年（公元1816年），英国国王派遣以罗尔·阿美施德为正使、当年的副使斯丹顿的儿子小斯丹顿为副使的使团第二次访华。然而，又因礼仪之争，英使拒绝向嘉庆皇帝行三跪九叩礼，最终被驱逐出境。

"礼仪之争"其实不单单是外交礼节上的差异和争执，而且有着更为广泛的背景。在中外文化交流史上，"礼仪之争"指的是从明朝末年西方天主教徒进入中国以来，中西方对于中国的宫廷礼制、祭祖祭孔的传统习俗以及"天"和"上帝"等精神概念的不同理解。早在清初康熙时期，就因为教皇反对中国敬天法祖，康熙认为这无异于动摇中国的立国大本，所以针锋相对，禁止天主教在中国传播。随着中外通商的发展，加上个别天主教徒卷入宫廷政治，"礼仪之争"进而扩大和演变为外交关系上的大事，清朝历代皇帝视其为关乎干预内政还是维护主权问题的明争暗斗。《皇清四裔考》称英国等为“红毛蕃种”；有一位广东碣石镇总兵上书皇帝称：“臣遍观海外诸国……惟红毛一种，奸宄莫测。”认为西方列强“奸宄莫测”，别有企图，这恐怕才是明末以来持续约三百年的中西“礼仪之争”的深层原因。

【案例】

国际儒学联合会（英文名：International Confucian Association，简称：ICA）是由中国、韩国、日本、美国、德国、新加坡、越南等国家和中国香港、中国台湾地区的与儒学研究有关的学术团体共同发起，于 1994 年 10 月 5 日在中国北京正式宣告成立。1995 年 7 月，该联合会在中国民政部注册登记，是具有法人地位的国际性学术团体。联合会的永久会址设在中国北京。其建设宗旨是研究儒学思想，继承儒学菁华，发扬儒学精神，以促进人类之自由平等，和平发展与繁荣。

世界儒学大会，第一届于 2008 年 9 月 27 日至 29 日在孔子的故里曲阜举办。来自 22 个国家和地区的 86 个儒学研究机构的逾 160 位专家学者参会。该大会起初每年举行一次，自 2013 年开始，改为每两年举行一次。至今已经举办了 8 次大会。2017 年举办的是第八届。

“人类命运共同体”这一概念既有传统文化的渊源，也有马克思主义理论的支撑。它作为一种全球价值观，包含了相互依存的国际权力观、共同利益观、可持续发展观和全球治理观。

人类只有一个地球，各国共处一个世界，因此我们要倡导“人类命运共同体”意识。习近平就任中共中央总书记后，在首次会见外国人士就表示，国际社会日益成为一个你中有我、我中有你的“命运共同体”。面对世界经济的复杂形势和全球性问题，任何国家都不可能独善其身。“命运共同体”是中国政府反复强调的关于人类社会的新理念。2011 年发布的《中国的和平发展》白皮书提出，要以“命运共同体”的新视角，寻求人类共同利益和共同价值的新内涵。2017 年 10 月 18 日，习近平同志在党的十九大报告中明确提出，要坚持和平发展道路，推动构建人类命运共同体。2018 年 3 月 11 日，第十三届全国人民代表大会第一次会议通过了宪法修正案。该修正案将宪法序言中的第十二自然段中的“发展同各国的外交关系和经济、文化的交流”修改为“发展同各国的外交关系和经济、文化交流，推动构建人类命运共同体”。

《礼运·大同篇》

大道之行也，天下为公。选贤与能，讲信修睦，故人不独亲其亲，不独子其子，使老有所终，壮有所用，幼有所长，鳏寡孤独废疾者皆有所养，男有分，女有归。货恶其弃于地也，不必藏于己；力恶其不出于身也，不必为己。是故谋闭而不兴，盗窃乱贼而不作，故外户而不闭，是谓大同。

《礼运·大同篇》描述了孔子的理想世界。能成就大同世界，天下就太平。没有战争，人人和睦相处，丰衣足食，安居乐业。这是孔子的政治理想，然而，遗憾的是，这一理想在现实中难以实现，因为人人皆存在自私自利的本性。

马克思主义理论为我们设计了人类理想的社会制度——共产主义社会。在这个社会中，剥削和阶级差别将被消灭，生产力将高度发达，物质财富将极大丰富，每个人都将实现自由而全面的发展。

思考与讨论题

1. 结合本讲“而后”的内容，请思考自己设定的目标是否合理，可以做怎样的调整。

2. 如何理解德治与法治的关系。

3. 作为新时代大学生，在中华传统优秀文化的继承方面可以做什么贡献。

参考书目

1. 傅佩荣 . 傅佩荣解读大学中庸 [M]. 北京：东方出版社，2023.

2. 论语 . 陈晓芬，译注 [M]. 北京：中华书局出版，2015.

3. 傅佩荣 . 哲学与人生 [M]. 北京：北京联合出版社，2008.

第四章

所谓诚其意者

内容提要

本章解释了“诚意”的含义，大意是君子应做到内外一致，不自欺欺人。至诚之道，就是真实无妄，表里如一，率性而为，实现身心性的合一。君子在任何时候都谨慎严格地要求自己，以此形成自觉的高尚品质。在《大学》中，“慎独”的道德规范被提升到了一个更高的境界。这不仅仅意味着在无人监视的情况下，能克制住不良的思想与行动，坚持做好事而不做坏事；更是把自己的思想提纯到全无邪念，自觉自愿地做好事而不做坏事，使思想信念与行为举止达到纯然一体的境界。

第一节　原文释义

【原文】

所谓诚其意[①]者，毋自欺也。如恶恶臭[②]，如好好色[③]，此之谓自谦[④]。故君子必慎其独[⑤]也。小人闲居[⑥]为不善，无所不至，见君子而后厌然[⑦]，掩[⑧]其不善而著其善。人之视己，如见其肺肝然，则何益[⑨]矣。此谓诚于中[⑩]，形于外[⑪]，故君子必慎其独也。

曾子曰："十目所视，十手所指，其严[⑫]乎！"富润屋[⑬]，德润身[⑭]，心广体胖[⑮]，故君子必诚其意。

【注释】

① 诚其意：指意念真诚。

② 恶（wù）恶（è）臭：指的是讨厌恶臭的气味。

③ 好（hào）好（hǎo）色：喜爱容貌出众的女子。

④ 谦：通"慊"，心满意足的样子。

⑤ 慎其独：在独处时要慎重。

⑥ 闲居：单独在家中，独处。

⑦ 厌然：遮遮掩掩、躲避之意。

⑧ 掩：隐藏之意。著：彰显出来。

⑨ 益：益处，好处。

⑩ 中：内心。

⑪ 外：指外表。

⑫ 严：严峻，令人敬畏。

⑬ 润屋：装饰住所。

⑭ 润身：修炼自己。

⑮ 心广体胖（pán）：心胸宽广，身体舒适。胖：舒适之意。

【译文】

所谓使自己的意念诚实，就是不要自己欺骗自己。就如同厌恶污秽的气味，就如同喜爱美丽的容颜。这样才能使自己心安理得。

所以品德高尚的人在独处时必须保持谨慎的态度。品德低下的人，在私下里无恶不作，见到品德高尚的人便躲躲闪闪，掩盖他们所做的坏事，吹嘘自己的美德。别人看你自己，就像看到你的五脏六腑一样，掩盖又有什么用呢？这就是说真实的内心自然而然反映在外表上了。所以品德高尚的人独处的时候也一定会谨慎。

曾子说："一个人若被许多双眼睛注视，被许多只手指点着，这难道不令人畏惧吗！"财富能装饰房屋，品德可以修养身心，心胸宽广则身体就安泰。所以品德高尚的人一定要让自己意念诚实。

第二节　授课讲义

《大学》提出了儒家道德修养的"八条目"，本章则深入解释了"诚意"的内涵和君子为何要追求"诚意"的道理。"诚其意"是继"格物"与"致知”之后的修为阶段，也是连接“物”与“心”的桥梁。人作为万物之灵，有能力探知万物之理，所探明的道理越多，所知也就越多；然而，即便道理再明、知识再多，是否“诚其意”则显得尤为重要。没有诚意，就难以做到正心，修身也将成为空谈。领会本章要义，需抓住以下四个方面：一是所谓“诚其意者，毋自欺也”；二是“君子必慎其独也”；三是“诚于中，形于外”；四是“富润屋，德润身，心广体胖，故君子必诚其意”。

一、所谓诚其意者，毋自欺也

“诚意”这个词，在儒家思想中被奉为“八条目”之一，享有崇高的地位。朱熹曾说：“诚其意者，自修之首也”，意指修行的首要任务便是在“诚意”上下功夫。有人将“诚意”解释为专注，有人解释为澄净，也有人解释为诚恳，然而这些解释都未能尽其深意。

首先是对“诚”的理解。《中庸》中对诚的定义是：诚者，天之道也；诚之者，人之道也。这意味着“诚”是天道的体现，因此人们追求“诚”，就是追求天道。这里，《中庸》认为“诚”是人与天地万物本源性自足的本质属性，已经将“诚”提升到了一个本体论的高度。朱熹将这句话解释为：“诚者，真实无妄之谓，天理之本然也。”他把“诚”解释为人及物之本性。人若能至诚，终将达到“物我合一”的境界。于“诚”而言，孟子也说：“是故诚者，天之道也；思诚者，人之道也。至诚而不动者，未之有也；不诚，未有能动者也。”综上所述，“诚”在儒学中是一个非常重要的哲学概念，它规范着人们的日常生活。一个至诚者的内心是欢快的，精神是安详的，能做到内外无欺、无妄、诚实守信。

那该如何在“诚”上功夫呢？其实先秦儒家的圣贤已经为我们指明了方向。“诚”是天之道，是圣人之道，圣人可以不依赖外在力量而行中道，不用思考便能自得，这是自诚而明的，因此他们的本性是自足的。唯至诚，方能尽人性，进而尽物性，后能与天地同一。而“诚之”，则是贤人、常人之道，是自明诚的。他们只有通过受教化，选择善道并实行，通过博学、审问、慎思、明辨、笃行的工夫，最终达到至诚。天底下也只有至诚的人，方可化育万物，达到至善的境界。所以，《孟子》中说：“诚者，天之道也；思诚者，人之道也。”孟子这里的“思诚”，我们可以与《大学》里的“诚意”和《中庸》里的“诚之”进行考察。“思诚”与“诚意”比较相近，大抵都要求我们常怀有一个真诚，真实，无欺的心。

其次是对“意”的理解。“意”的本义是心意思、心意、意图。古人认为人的意图发自内心，所以“意”又引申为心中、心上，如“在意”。如果这种“心意”保持一定时间，在心里形成固定的心意，就是“意志”。“心意”表现在外面，就是情绪、神态、情态。在人们的心目中，可以流露出对某种事物的情态，如“春意”“秋意”“寒意”等。人的一切感应活动皆是意，意发于心而形于身。“意”者，意向也；通常人认“身”为“自己”，那不过是因为其便于指目而已。其实，更关键的是“意”。“意”是怎样的，人就是怎样的。

第三，对“诚意”的理解。通过《中庸》对诚字的定义和阐述，我们可知这个“诚”，不只是社会生活中普通意义上的“诚恳”，而是天道之诚。“诚意”一词，可以解释为“让自我意念不离天命之性”，或者说“让自我意念达到天命之性境界的诚”。做到“诚意”，就是要留心于“自己”，而这里的“自己”更侧重于“意”。

第四，做到“诚其意”就要“毋自欺也”。曾子认为，“诚意”最重要的是“不自欺”，就如闻到恶臭自然会厌恶，看到美丽自然会喜欢一样的真实情感的流露。什么叫自欺呢？朱熹解释说：“自欺云者，知为善以去恶，而心之所发有未实也。”自欺就是说，自己知道要为善去恶，即断恶修善。

因为人人本来就具有明德，具有良知，知道作恶是不好的，行善是好的、应该做的。所以，他的良心会告诉他要断恶修善。可是境界现前的时候，往往自己把持不住自己，所以“心之所发有未实也”。这里的“心”就是良心，也就是王阳明先生讲的良知。这个真心、良知刚一启动，他就知道现前的这件事情是善的还是恶的。可是由于习气严重，虽然明知是善，却不能够去努力为善；或者明知是恶，却不能够果断地去恶。用通俗的话来讲，就是昧着良心而去作恶，不肯为善，这种行为就叫自欺。

不自欺是自修的基石。如果我们在修行中总是欺骗自己，那么我们就会忽略自己的过失，从而纵容自己。初期，我们往往会因为各种私欲而掩盖自己的缺点，或者因为害怕受到指责而掩盖自己的过失，不让别人知晓。这个时候，“自欺”刚开始，还没有造成多大的危害，因为自己还是知晓的。然而，这种藏匿自己过失的行为会逐渐形成习惯。一旦形成习惯，掩藏过失就会变成下意识的行为。这个时候，“自欺”便成为一个人的意识和行为的主导。自欺的开始，就是我们本来具有的“明德”开始被遮盖的时候。我们对于自己也变得越来越陌生，“无明”便越来越多，我们也就变得越来越愚蠢。

做到“不自欺”，应该是实现“诚”的重要一步。夫谦者，诚意之本也；欺者，诚意之伪也。“谦”字在这里通“慊”，朱熹解释，“谦，快也，足也”，即高兴、满足的意思。当一个人能够凭着良心去处世待人，事事都不违背自己的良知，而能够逐步显明自己的明德，这个称作自谦，就会获得真正的喜悦、满足。孔老夫子讲的“学而时习之，不亦说乎”，他很喜悦，为什么喜悦？因为他一天一天将自己的“明德”显明出来，一天一天向着止于至善的境界进步。不掩饰，不虚伪，表里如一，是正人君子最高贵的品质，此之谓自谦！

二、故君子必慎其独也

天道的本质就是“诚”，人只有实现了“诚”，才能契合天道人道。天道之诚的核心在于无我执、无分别、无是非，它体现了一种万物归一、精诚无二的意识状态，这种状态被称为“独”。君子以觉悟和践行天道为己任，他们以审慎之心持守这种精诚意识，这便是‘慎独’的体现。在实现‘诚’的诸多路径中，‘慎独’显得尤为重要，因为独处之时，人方显其真我。简而言之，慎独乃是君子修炼诚意之功夫。

“慎独”是儒家的一个重要思想符号。梁漱溟先生在《人心与人生》断言:“儒家之学只是一个慎独。”先秦文献中常见“慎”字，而“慎独”一词则源于和曾子密切相关的《大学》。牟宗三先生在《中国哲学十九讲》中指出曾子是这一观念的首创者:“慎独这个观念孔子没讲，孟子也没讲。如果你要追溯这个观念的历史渊源，那当该追溯到谁呢？当该是曾子。”在《大学》里，曾子明确提出了“慎独”这一儒家重要思想。

文中“慎独”之“慎”，本义是“谨”，许慎《说文解字》有云:“慎，谨也，从心真声。”它又有“诚”之义，如《尔雅》所言:“慎，诚也。”而“独”则与群相对，意为孤处，段玉裁《说文解字注》释为“独而不群”。“慎”这个字，通常解释为小心谨慎。但是用在此处，用在修行上，这个“慎”字，由“心”和“真”组成，应当还指代前面所说的“诚意”的意思，因为这个“慎”字是“诚意”最好的体现。“独”，即独自，指的是没有外人的监督，或者说别人监督不到的地方，具体而言，就是我们的每一个念头之间。因为我们的行为、言语可以被看到，唯独我们在想什么却不容易被别人察觉。这句话是在说：君子，他们能够如实地观照自身的起心动念、言行举止，不管是在人前还是人后，念念之间他们都会“如实观照”

自己，能够做到“诚意”“不自欺”的功夫。

在本章中，两次论到“故君子必慎其独也”。前一句意为“诚意”则必内心真诚，不虚骄造作，就如“恶恶臭、好好色”一样，坦诚老实，不自欺而欺人，故君子于幽暗处亦必磊落、谨严，“慎独”自处。这里的“慎独”，更显著的是针对“自欺”而言，是反“自欺”的。下一句“慎独”则由“闲居”引发，抨击小人之“掩”，论诚中形外，人前作秀只会弄巧成拙，也无异于自欺欺人，故君子隐私处亦必谨守。这两段话意思微异，但都涉及“独”的私处以及戒备的显著意涵。历代学者也都关注到这一点，如汉郑玄：“慎独者，慎其闲居之所为。”唐孔颖达：“故君子慎其独也者，以其隐微之处，恐其罪恶彰显，故君子之人极慎其独居。”宋代朱熹也言：“独者，人所不知而己所独知之地也……盖有他人所不及知而己独知之者，故必谨之于此以审其几焉……此君子所以重以为戒，必谨其独也。”显然，文中“慎独”强调的是即使在无人知晓、没有监督的“闲处”，亦即私密情境下，君子依然应怀有敬畏之心，严格自律，克己复礼。文中“闲处”一词也同时揭示，生活中无疑有群居与独处两种生存场景，这也就带来了两类伦理空间，前者是群处而公开的（人前），后者则是独处而隐秘的（人后）。群居空间的公共生活，一是因有礼法的外在约制，且处在曾子所谓“十目所视，十手所指”的严密监视下，加之曾子时代，社会充满“求闻”“求名”的冲动，奉法守礼、循规蹈矩之外，又或在大庭广众之下“巧言令色”，以求得名声和赞誉，，而刻意“著其善”；而“闲处”则大为不同了，礼法未及，“十目所视，十手所指”又未达，这不啻于一个无拘无束、可恣意妄为的“自由天地”，此时君子或会自律，而小人就恣肆了。

上文“小人闲居为不善，无所不至，见君子而后厌然，掩其不善，而着其善”，尖锐地揭示出“闲处”和群居的不同空间场域，不仅形成了人前、私下的双重伦理空间，而且还造成了公私操守的异化和伦理的分裂。

显然，曾子所倡导的“慎独”，通过强调在“闲居”时也要保持自律和谨慎，使独处亦如群居一样，这就消解了私人之境的道德风险。从而化独入众，扬弃群、独之异，又超越两者之别，消融群、独的分裂与异化，弥合公、私伦理空间的冲突，从而实现“吾道一以贯之”的伦理圆融。

曾子慎独之独，除了上述“闲居”的私处或说私人空间之外，还有一层意思，即指意念的隐秘之境。引述的“所谓诚其意者：毋自欺也，如恶恶臭，如好好色，此之谓自谦，故君子必慎其独也”，对句中的独，朱熹注解为“人所不知而己所独知之地也”。其中的“地”既实指一种隐私之境，而又与“独知”一起，意指他人不知、只有我知的“念虑”上的精神之域，它具有内在性和封闭性，因为它还是未曾经验性存在的“形而上”的意念。“慎独”的修身功夫，是正人君子所必修之功课。曾子曰：“吾日三省吾身，为人谋而不忠乎？与朋友交而不信乎？传不习乎？”在一天当中，三次反省自己，这是“慎独”之最高境界！不以物喜，不以己悲，无论面对何种境遇，都是真实的自我，“君子慎其独也！”“一箪食，一瓢饮，居陋巷，人不堪其忧，回不改其乐。贤哉，回也！”颜回内心澄明坦荡，君子之志也。古人之气节，内心之高大，独处之泰然，着实令今人叹服。

三、此谓诚于中，形于外

“诚于中，形于外”意思是真诚的内心与外表表现一致。本段是采取小人和君子对比的方式来说明内外一致表里如一的道理。这里的“小人”，不是指在人背后使坏的人，而是更接近平常人或者小人物的意思。君子见到小人，看到小人掩饰自己不善、彰显自己的善面，但君子能看透这一切。因为君子的境界比小人高，所以小人无法瞒过君子，只能瞒过境界比他低的人。这就像小人的内心深处完全暴露出来一样，无法再“形于外”。这里说的“形于外”，是指装饰自己的外表。但小人想要装饰自己也装饰不来，因为内心没有“诚意”，外表怎么装都不像、都不真。所以反而让人看到了他的内心深处，让人看到他的虚伪。因此，古人说得好，“君子乐得作君子，小人冤枉作小人”。君子诚于中而形于外，从内心到外表都是一致的善；而小人内心里有恶，外表却还装出善的样子，结果被人看出来笑话，冤枉做了小人。

要理解“诚意”，“诚于中，形于外”，先要了解小人“闲居”为啥会不善。首先，小人的身、口、意，受控于内在的欲望，已经暂时忘掉了天理，而且人欲也遮蔽了他内在的良知，战胜了天理。小人忘掉了天道循环的法则，忘掉了自己的每一个起心动念、每一个言行都会被记录。人的心念，一旦被欲望掌控，他便只想着能不能做的问题，根本就不太在乎这件事该不该做。满脑子只想着自己要得到的利益，很容易忘掉“义”和“利”是相互关联的，利益背后同时也隐藏着风险。小人因为未明天理，没有致良知，因此总是抱着侥幸心理，以为自己可以神不知鬼不觉地骗过其他人。所以他们一面欺天，一面自欺。先是自欺，告诉自己别人不会知道，然后再去欺人。于是就会进入自欺欺人的恶性循环。小人在大庭广众之下，尤其是在正式场合，迫于环境与舆论的压力，还能够收敛一点、自律一些。而一旦他独处，在别人背后就会什么都敢干。这就是小人的心理行为模式：因为未明天理而自欺，然后再欺人。

那么小人既然自欺欺人，他为什么又会掩其不善呢？他为什么还会有所顾忌呢？其实，小人虽然不如君子一样，能够真正地明理致知，但是却和君子一样，他内在也有与天地同在的良知。而这个良知是可以自动辨别善恶好坏的。也就是说，小人可以在人后或者独处的时候，做不好的事情，并不是他完全不分善恶，也不是他不知道善有善报，恶有恶报。只是他对善恶有报、天道好还的法则，没有达到深信不疑的程度。对天理缺少敬畏，他会认为自己高明，可以瞒过上天，骗过他人。小人也是有良知的，也不愿意承认自己是小人。虽然干了坏事，只要他人不知，就会装成好人。他们宁可费力去做一个伪君子，也不干脆去做一个真的小人。小人善于伪装却又容易被看穿。这主要是因为人的行为背后，是他的思维。思维是内在，言行是外在。小人即便可以巧言令色，然而他内在的心念，仍然会通过语言、脸色、眼神乃至肢体动作，不经意之间表露出来。一般的正常人，都会有或强或弱的第六感，其实也就是心灵感应。除非我们心里没有想法，否则只要一动念，别人或多或少地都会接收到我们内在的真实想法，因此想彻底藏住是很难的。在一个人面前伪装一次，很容易成功，但要在所有人面前、所有的场合都能装得滴水不漏，那就实在太难了，甚至比严格自律做一个真君子还要难。更关键的是，君子是内外如一的，言谈举止是自然的。而小人伪君子表里不一，装得再好，也会在细节上暴露其不自然。这样我们就可以理解，行为的源头是内在的思维，而行为也会体现我们的思维。内在的心念真诚无欺，外在的语言和行为就会将真诚无欺传递给他人。而内在一旦有不正的邪念，即使伪装得再好，也不会天衣无缝。碰到有智慧的人，一眼就能看穿。所以明理悟道之人，最智慧的选择，就是深信天道，时刻关注和管控自己的心念，做到真诚无欺，表里如一。即使一个人独处的时候，也要像曾子说的那样，“有如十目所视，十手所指”，时刻提醒自己，要想人不知，除非己莫为，告诫自己头顶三尺有神明。这样才能心胸坦荡，进而影响自己的外在形象，甚至能达到曾子说的心广体胖。通过修改自己的思维来改变自己的行为，而行为的改变，再为自己带来更好的修为和更大的作为。言谈举止就会自然而然地与大道相合，德行就会为他人认可和称赞，这就是真正做到了诚于中，形于外。

四、富润屋，德润身，心广体胖

“富润屋，德润身，心广体胖”，是说“富则能润屋矣，德则能润身矣，故心无愧怍，则广大宽平，而体常舒泰，德之润身者然也。盖善之实于中而形于外者如此，故又言此以结之”。在此，曾子用一个比喻，讲房屋要修饰，用什么修饰？当然你要用财物，你富足就可以把房屋修饰好。“润”，是滋润，使房屋更美丽、更庄严。“德润身”，这个“身”好比屋一样，也需要修饰，也需要庄严。那么用什么来修饰、庄严？用“德”。“富润屋”的“润”字含滋润、涵养、条理、庄严、创造、更新、转化、升华等诸义。“富润屋，德润身”是因果关系的一种比喻：以“富润屋”为比，来喻“德润身”。“富润屋”是因此，“德润身”是所以。君子以德润身，恰似富人以财物装饰房屋那样。我们的心性就是最大的财富，“曲成万物而不遗”，生天生地，健行不已地创生一切，也包括时刻不停地创生和更新我们这个身心。“富润屋，德润身”还有另外一层含义:《大学》或整个儒家不厌其烦地提醒我们，外在物质财富只能“润屋”，它只能使家变得越来越漂亮，越来越富丽堂皇，仅仅能为我们带来生活和人生的外部满足和解放，但内在的满足和生命的解放则必须通过彰显和践行仁德来实现。孔子说：“君子求上达，小人求下达”（《论语・宪问篇》）所要讲的道理是，“君子求上达”志在崇尚道德修养与深造，追求安然自得，一生无忧无惧，善始善终；“小人求下达”志在不遗余力地去追求财富，将自己置于欲壑难填的苦海之中，使自己终身惶恐不安。

“心广体胖”指的是宽坦、舒适、愉悦、磊落之义。“心广”，心胸之中无芥蒂，无纠结，坦坦荡荡，与天地精神相往来，一切存在无非自己心性中物，无非自己生命内涵之呈现与具体化，此为真正之“天人合一”之境。

“体胖”，无论人生处于顺境还是逆境，哪怕是绝境，君子皆可自然地处于自得自乐、闲适愉悦、舒展大方之境。“穷则独善其身，达则兼善天下。”有这么一则故事，梁惠王在自己园林中尽情享乐，见孟子问道：“那些贤士们也能获得像我一样的享受快乐吗？”孟子回答说：“贤者而后乐此，不贤者虽有此，不乐焉。”孟子所要讲的道理是，贤人是因为获得道德修身至善而乐，唯有道德上达修身至高境界的人，其内心诸多杂念才会被清除干净，他才懂得什么才是人生真正的安然快乐。

故君子必诚其意。《中庸》中说：“素富贵，行乎富贵；素贫贱，行乎贫贱；素夷狄，行乎夷狄；素患难，行乎患难。君子无入而不自得焉。”。唯有君子，他自知自明地面对现实，诚心做到安分守己，素其位而行，兢兢业业认真做好自己应当做的事，然后才能获得“君子无入而不自得焉”的这种明知其境，通过“诚其意”达到修养人生境界的目的。

思考与讨论题

1. 如何理解《大学》中的“诚其意”，这对我们人生观价值观的塑造有何重要意义？

2. 通过本章的学习，请谈一谈儒家“慎独”思想的理解。

3. 如何理解“富润屋，德润身”？这对我们人生追求有何启发？

参考书目

1. ［宋］朱熹 . 四书章句集注 [M]. 北京：中华书局，2001.

2. 李申 . 简明儒学史 [M]. 北京：中国人民大学出版社，2006.

3. 陈来，王志民 . 大学解读 [M]. 济南：齐鲁书社，2019.

第五章[1]

所谓修身在正其心者

① 本章参照了傅佩荣先生的《止于至善：傅佩荣谈大学中庸》的基本主张和观点。

内容提要

儒家认为个人修身是非常重要的事，认为它是人本身的基本需求。而现实中，情绪的变化则导致了修身的困难，所以，正心，即心思端正是修身的前提。而无私则是修身的关键，提升修养是一个人一辈子都要坚持的事。

第一节　原文释义

【原文】

所谓修身[①]在正[②]其心者，身有所忿懥[③]，则不得其正；有所恐惧，则不得其正；有所好乐[④]，则不得其正；有所忧患，则不得其正。心不在焉[⑤]，视而不见，听而不闻，食而不知其味。此谓修身在正其心。

【注释】

① 身：程子认为当作“心”，即思想。

② 正：即端正。

③ 忿懥（zhì）：即愤怒。

④ 好乐：即喜爱。

⑤ 焉：指这里。

【译文】

所谓修养言行就是要端正自己的心思，意思是说：自身陷于愤怒，就无法端正；陷于恐惧，就无法端正；陷于喜爱，就无法端正；陷于忧患，就无法端正。心思若是不在当下的处境，就会观看却没有见到东西，聆听却没有懂得意思，饮食却不清楚它的味道。这就是说：修养言行就是要端正自己的心思。

第二节　授课讲义

一、心思端正是修身的起点

第一段主要说明修养言行就要端正自己的心思，并指出了四种由心不正所带来的状况。第一“忿懥”是愤怒，第二是恐惧，第三是喜爱，第四是忧患。这里的“身”不做“身体”理解，而做“自身”来理解，则可兼顾身心。① 当人陷于愤怒时，心就不能端正，便会有偏差了。

情绪对人的影响非常大，现在的人讲“情商”，就是情绪方面的智商。愤怒、恐惧、喜爱、忧患这些情绪反应是表现在外面的，其实都根源于内心是否端正。人们所处的这些情绪化的状态，恰是因为心不得其正。前文所述的“诚意”，就是要把不好的意念去掉，内心才会坦坦荡荡。古人认为，人常常会有情绪反应，这可能表明内心不够端正，已经受到了干扰。其后所说的“心不在焉”，意指“心不在焉”时，视、听、食这三件身体所进行的事情，也就完全失效。

“好乐”是喜爱之意。在《论语·雍也篇》里有类似的用法：“智者乐水，仁者乐山。”② 这里的“乐”即“喜爱”之意。意思是说：智者喜欢水，仁者喜欢山；智者随物而变化，仁者像山一样静；智者快乐，仁者长寿。

---

① 傅佩荣：《止于至善：傅佩荣谈大学中庸》，东方出版社，2013，第 46 页。

② 杨伯峻：《论语译注》，中华书局，2006，第 69-70 页。

"心不在焉"，是说心思不在当前的事情上，即使观看也如同未见，聆听也如同未懂，饮食也如同不知其味。心不在焉的话，做任何事情都没有反思与掌握，根本不知道自己在做什么。这便是提醒我们修身首先要正心，修养言行，需先正心。人的心可能不得其正，也可能心不在焉。

这种观点符合《孟子·告子上》所记载孔子的话："出入无时，莫知其乡，其心之谓与。"① 孔子认为，人的心经常都会受外界干扰，而不得其正。"回也，其心三月不违仁，其余则日月至焉而已矣。"② 只有颜渊可以做到其心三月不违仁。孔子说自己"七十而从心所欲，不逾矩"③，一般人无此修养，随时都有问题。

二、《大学》中"三纲领"的内在关联

在《大学》开篇，就有"大学之道，在明明德，在亲民，在止于至善"④ 这"三纲领"。明明德，是明自己的德，要修德行善；亲民是亲近、爱护老百姓。但为什么要明明德？还要修德行善？又为何明明德之后，就会亲民？最后还止于至善呢？

关于"明明德"，有两个可能的答案。第一是天命。《孟子》曾引用《尚书·泰誓》篇有一段文字，即"天降下民，作之君，作之师，惟曰其助上帝宠之"。⑤ 意思是说上天生下老百姓，替他们选了国君，选了老师，前者负责政治，后者负责教育，这样才能够代替上天来照顾百姓。所以，这

---

① 杨伯峻：《孟子译注》，中华书局，2008，第 203 页。

② 杨伯峻：《论语译注》，中华书局，2006，第 64 页。

③ 同上书，第 13 页。

④ 傅佩荣：《止于至善：傅佩荣谈大学中庸》，东方出版社，2013，第 6 页。

⑤ 杨伯峻：《孟子译注》，中华书局，2008，第 23 页。

是“天”的命令，命令统治阶级要明明德、要行善。[①]

第二是人性。人性有内在的要求，使人自觉非行善不可，这是一种更深刻的反省。孔孟之后，儒家将这一点列为学说的基本立场，认为这不仅是针对统治阶层，而是人人皆应如此。因此，在谈论儒家时，不能说人性本善，而应该说人性向善。因为向善的前提是真诚，只有真诚才有力量，这种力量使得人性被称为“向善”。[②]何谓“善”？从明明德到亲民的关键，在于对“善”的定义。以“孝顺”为例，一般认为听父母的话就是孝顺，但是父母说的一定都正确吗？孩子果真应该全盘听从吗？相信为人父母者对此也没有绝对的把握。宋朝有学者说“天下无不是的父母”，而孔子却认为“侍奉父母时，如果父母犯错，儿女要委婉地劝阻；若是父母不听劝阻，儿女还是要保持孝顺，不要抱怨。”这便是儒家的立场，它并不认为父母永远都是对的。

《孝经》里也谈到，所谓的好儿子，是指儿子能建议父母不要做坏事。我们熟悉孟子所说的“不孝有三，无后为大”，而不孝的另两项是“阿意曲从，陷亲不义”以及“家贫亲老，不为禄仕”。以前一项来说，孩子委屈自己的意思顺从父母亲，导致父母亲陷于不义之中。真正孝顺的儿子，是能够劝谏父母不要做坏事的；同样，真正好的忠臣，也是能够劝谏国君不要做坏事的。

儒家的立场如此，绝没有愚忠愚孝的余地。

总之，明德行善是人性唯一正确的路，就如孔子所言：“道二，仁与不仁而已矣。”[③]人生的路只有两条，行仁与不行仁罢了。更明确地说，只有行仁才是正确的选择。若问为什么要行仁？答案是因为人性向善，真诚的

---

① 傅佩荣：《止于至善：傅佩荣谈大学中庸》，东方出版社，2013，第 47 页。

② 同上书，第 47 页。

③ 杨伯峻：《孟子译注》，中华书局，2008，第 123 页。

力量由内而发，身不由己。当然，人也可能因为考虑利害关系不愿意行善，但其结果必然是得不偿失。你或许能得到外在的一切，但却失去了内在的自我。就如“你得到了全世界，而失去了自己的灵魂，这对你有什么好处呢？”外在的得失可以弥补，但内心的失去却无法复原，这就是普遍的真理。纯粹就《大学》一书而言，为什么要明明德，还是比较偏重第一个答案——天命，因为内容是针对未来要当领导人的贵族子弟而说的。[①]

“亲民”是领导人对善的实践。善是我与别人之间适当关系的实现，凡我之外，都是别人。[②]尧能够明他的峻德，然后就能亲九族，九族是亲戚，即所谓家人，再推到百姓（百官族姓），推到万邦（各个邦国），最后到黎民（所有的百姓），这些都是“别人”。孔子曾自述志向是：老者安之，朋友信之，少者怀之。[③]这十二个字，体现了人类伟大的理想。虽然孔子自己没有完全做到，古今中外也没有人能做到，但他为什么以这个没人能做到的理想作为自己的志向呢？因为他深知善是自我与别人之间适当关系的实现，这里的“别人”包括天下人所有人。因此，要实现人性的要求，就必须以此为目标。能做到多少，或许不是自己能完全决定的，因为还要看是否有相应的机会。比如，位居高官就能造福更多人；成为天子就能照顾天下人。所以，领导者通过修养自己去行善，老百姓就一定能感受到领导者的亲近和爱护。更进一步谈“止于至善”，这基本上是一个理想。在中国文化中，“至”字通常代表最高的境界。《孟子》中有一句很值得思考的话：“形色，天性也，惟圣人然后可以践形。”[④]这句话的意思是，人的形状与面容都是天性的表现，只有圣人才能将人的生命内容完全实现出来。在孟子

① 傅佩荣：《止于至善：傅佩荣谈大学中庸》，东方出版社，2013，第 48 页。

② 同上。

③ 杨伯峻：《论语译注》，中华书局，2006，第 58 页。

④ 杨伯峻：《孟子译注》，中华书局，2008，第 249 页。

看来，人性皆向善，每个人都在终生向善的目标上努力行进，但却很少有人能真正做到“止于至善”；唯有圣人能把人性的潜能全部发挥出来，达到“止于至善”的境界。而“止于至善”的目标是要让天下人都得到安顿，这个目标即使连尧舜这样的圣王都很难完全做到。即便如此，我们还是要努力地向前迈进，不断追求更高的境界。

“三纲领”之后谈到“八条目”：“格物、致知、诚意、正心、修身”，这前面五个条目都属于“明明德”，“明明德”的具体表现就是“行善”。“八条目”之“齐家、治国”是亲民，“平天下”则对应“止于至善”。平天下是理论上的最高境界，也是最后目标。以下在谈及“修身、齐家、治国、平天下”时，就较少涉及深刻的哲理，也就是说一切的根源在于“格物、致知、诚意、正心”这几个步骤，后面则是这些步骤的推广和应用。掌握对自我的修炼，行善一定会影响别人，然后慢慢向外扩展，这个过程首要的功夫便是修身。

三、无私的心态是修身的关键

我们现在来谈谈如何修身。修身的目标，就是成为君子，而君子的特色在于无私。人难免会有私心，私心其实是一种正常的表现。但是，在考虑对自己有利的事情时，绝对不能损人而利己。因为如果为了自己而伤害别人的利益，别人也可能以同样的方式伤害我们的利益，如此一来，大家的利益就都得不到保障了。

事实上“利己”与“利他”，不见得会互相排斥。

本段中的“辟”通“僻”，意为偏颇，即不合乎正当的言行方式。这里列出五种容易使人陷于偏颇的情况：第一是亲近爱慕的人，第二是讨厌鄙视的人，第三是畏惧尊敬的人，第四是同情怜悯的人，第五是轻忽怠慢的人。由此可见，要做到公正无私是多么困难，因为人几乎都会有所偏颇。当我们对于一个人产生“亲爱、贱恶、畏敬、哀矜、敖惰”等情感时，就会表现出“包容、排斥、逢迎、善意、敌意”等言行。这是个人成见受主观情绪所左右的结果，并无道义可言。孔子曾说：“唯仁者能好人，能恶人。”[①] 这句话的意思是，只有行仁的人才能公正地喜欢好人，厌恶坏人，而不受他们是否是朋友或敌人的影响。一般人往往只因为某人是朋友就喜欢他，是敌人就讨厌他。但实际上，敌人也可能是行善的人，只是立场不同而已。一般与别人来往时，我们确实是有选择余地的。想达到仁者的境界，关键在修身，而修身的关键在于无私的心态，保持无私的心态才可以做到“君子不以言举人，不以人废言”。[②] 这句话的意思是，君子不会因为别人说的话很好听就推荐他，也不会因为说话的是恶人就认为这话没价值。比如季氏的家宰阳货（阳虎）是个恶人，但孟子还是引用过他所说的“为富不仁矣，为仁不富矣”。《论语·子路篇》中说“君子易事而难说”，意为君子很容易相处，但是很难讨好；反之，“小人难事而易说”，[③] 小人很难相处，但很容易讨好，只要稍微投其所好，小人便很高兴。但如果要长期相处的话，小人会对别人求全责备；而君子会因材而任之，对其他方面的缺点则不太在意。“君子和而不同”[④]，“和”代表与别人都可以和谐相处，即使意见不同，也依然能和谐相处的关系。而小人则是“同而不和”。“君子周而不比”[⑤]，“周”代表普遍爱护每一个人，“比”代表只喜欢少数几个同党。总的来说，君子的表现就是无私。

---

① 杨伯峻：《论语译注》，中华书局，2006，第 38 页。

② 同上。

③ 同上书，第 160 页。

④ 同上书，第 159 页。

⑤ 杨伯峻：《论语译注》，中华书局，2006，第 18 页。

在孔门弟子中，颜渊的志向是“愿无伐善，无施劳”[①]。其中，“无施劳”的“施”字，应与“勿施于人”的“施”同义，都表示施加或推给的意思。“劳”则是指劳苦的事情。这句话可以理解为：不要夸耀自己的优点，也不要将劳苦的事情推给别人。颜渊的目的就是要化解以自我为中心的自私心态，做到无私。[②]

子路在颜渊之前发表自己的志向，他的目标是把自己的车、马、衣服、棉袍和朋友共享，即使这些东西用坏了，他也不会感到遗憾。这样的胸襟确实非常了不起，但他的善意主要局限于朋友之间，显然有一定的范围限制，不能照顾到朋友之外的人。相比之下，颜渊的境界更高，他对任何人都充满善意和关怀，这种无私的精神更像是宗教的要求。佛教有谓“无缘大慈，同体大悲”的说法，这与颜渊的境界不谋而合。我们不能选择只爱亲戚朋友，因为这种爱是有局限性的。“博爱”即任何人在我们身边需要帮忙时，我们都会伸出援手。这才是真正的宗教精神，佛教中的“无缘大慈”就是这个意思。因此，无私的心态正是君子所应具备的人格典范。[③]

思考与讨论题

1. 为何心思的端正对于修身那么重要？
2. 讨论一下，在任何场合都要做到无私，其中的困难有哪些。
3. 修身是个人的行为，还是集体的责任？

---

① 同上书，第 58 页。

② 傅佩荣：《止于至善：傅佩荣谈大学中庸》，东方出版社，2013，第 51 页。

③ 同上。

参考书目

1. 杨伯峻 . 论语译注 [M]. 北京：中华书局，2006.

2. 杨伯峻 . 孟子译注 [M]. 北京：中华书局，2008.

3. 傅佩荣 . 止于至善：傅佩荣谈大学中庸 [M]. 北京：东方出版社，2013.

第六章

所谓齐其家在修其身者

内容提要

《大学》论及齐家是治国的前提。修养自身的关键是克服感情上的偏私：正己然后才能正人。儒学的进修阶梯分为“内修”和“外治”两个阶段，克服感情上的偏私是从“内修”过渡到“外治”的重要一环。在此之前的格物、致知、诚意、正心都是由个体自身进行修养的过程，而在此之后的“齐家、治国、平天下”则开始处理人与人之间的关系，范围从家庭扩展到社会，目标从“独善其身”转向“兼济天下”。

第一节 原文释义

【原文】

所谓齐[①]其家在修其身者，人之其所亲爱而辟焉，之其所贱恶而辟[②]焉，之其所畏敬而辟焉，之其所哀矜[③]而辟焉，之其所敖[④]惰而辟焉。故好[⑤]而知其恶，恶[⑥]而知其美者，天下鲜[⑦]矣。故谚有之曰："人莫知其子之恶，莫知其苗之硕[⑧]。"此谓身不修不可以齐其家。

【注释】

① 齐（qí）：这里指规范。

② 辟（pì）：偏激，偏见。

③ 哀矜（jīn）：同情，怜悯。

④ 敖（ào）：通"傲"，骄傲，傲慢。惰：懈怠。

⑤ 好（hào）：喜爱。恶（è）：缺点，坏处。

⑥ 恶（wù）：厌恶，讨厌。

⑦ 鲜（xiǎn）：少。

⑧ 硕（shuò）：壮，大；这里指禾苗茁壮。

【译文】

之所以说要管理好家庭和家族首先修养自身，是因为人们对于自己亲爱的人会有偏爱；对于自己厌恶的人会有偏恨；对于自己敬畏的人会有偏向；对于自己同情的人会有偏心；对于自己轻视的人会有偏见。因此，很少有人能喜爱某人又看到那人的缺点，厌恶某人又看到那人的优点。所以有谚语说："人都不知道自己孩子的坏，人都不满足自己庄稼的好。"这就是不修养自身就不能管理好家庭和家族的道理。

第二节　授课讲义

一、人之其所亲爱而辟焉

"人之其所亲爱而辟焉"，这深刻的话语揭示了人类情感中的一种普遍现象：对于自己所亲近或珍爱之人，我们往往会过分地疼爱和关怀，进而在情感上产生一定的偏爱。这种偏爱并非出于恶意，而是源于内心的深厚情感，但在某些情况下，却可能导致我们判断的偏颇和行为的失衡。

让我们来谈谈一个广为流传的故事。一位著名的善人，在晚年得子，对这位独子疼爱有加，甚至到了溺爱的地步。这种深沉的父爱使得儿子变得胆大妄为，视法律为无物。最终，他因暴力行为而遭受法律的制裁，而这位已经年迈的父亲，痛心疾首地前往医院向受害者道歉，哽咽着说："我宁愿你们用棍子把我打一回。"这令人痛心的结局，让人们感叹这位儿子的行为是如何"坑爹"，而背后，这位父亲的教育方式更是值得我们深思。

他们家曾经的邻居对他们夫妇的溺爱颇有微词。据说，这个儿子在小区内是出了名的蛮横无理。然而，由于对大善人的敬畏，邻居们虽然心有不满，却敢怒不敢言。老来得子，疼爱有加，这本是人之常情，但"养不教，父之过”的古训也从未过时。大善人虽然希望给儿子创造最好的条件和环境，希望他快乐成长，但过度的溺爱和纵容却最终导致了儿子的悲剧。

大善人夫妇曾对儿子的行为引以为傲，但这种骄傲却是建立在错误的价值观之上。小学时推同学下楼，上学期间打架闹事，开车撞人打人，这些行为都是溺爱下的恶果。人们在谴责儿子的同时，也不禁对大善人的教育方式提出质疑，认为他的失败教育给社会带来了不良影响。

这个故事告诉我们，在对待自己的家人尤其是孩子时，我们必须保持理性和客观。既要看到他们的优点和长处，也要清楚他们的缺点和不足。在教育过程中，要有的放矢，不能一味偏袒和溺爱。否则，不仅不利于孩子的成长，还会给家庭带来阴影，给社会带来危害。

在面对自己亲爱的人或事物时，我们的情感往往会占据上风，导致判断出现偏差。这种偏差可能表现为对亲爱的人或事物的过度赞美、包庇其错误，或者在与他人比较时给予不公平的优待。由于情感的介入，我们在认知上也可能产生偏见。我们可能会忽视或低估与自己亲爱的人或事物相关的负面信息，而过分强调或夸大其积极面。在道德判断上，这种偏见也可能导致我们对自己亲爱的人或事物采取更为宽容的标准，而对其他人或事物则更为严苛。

因此，“人之其所亲爱而辟焉”这句话提醒我们，在面对自己亲爱的人或事物时，需要保持一定的理性和客观。我们需要进行自我反思，以确保我们的判断和决策不受情感的过度影响。只有这样，我们才能在情感与理性之间找到平衡，确保我们的判断和行为既公正又客观。

二、人之其所贱恶而辟焉

“人之其所贱恶而辟焉”，这句话道出了一个深层的心理现象。它意味着，当面对我们心中鄙视与厌恶的对象时，我们往往由于内心的偏见，会过度地贬损与排斥他们，因此也难以避免地产生了一种偏颇的对待。这句话，精准地揭示了人性在面对自己反感或不认同的人或事物时，内心所持有的那种偏见与成见。它提醒我们，在人际交往中，需时刻警惕这种由情绪驱动的偏见，以避免因个人喜好而扭曲事实，造成不必要的误解与冲突。

1. 情感影响认知

当人们面对自己鄙视或厌恶的对象时，情感上的强烈排斥倾向往往会渗透到他们的认知过程中，导致对事实产生偏见。这种偏见的表现形式多种多样，包括但不限于对对方优点的漠视，对缺点的过度渲染，以及在评估对方时未能保持应有的公正和客观。正如普遍认知所揭示的，“对于自己鄙视或厌恶的人多存偏见”，此类现象在人际交往和社会生活中频繁出现，成为了一个不容忽视的问题。

2. 偏见阻碍成长与进步

持有偏见不仅会影响我们对他人的准确判断，还可能阻碍我们自身的成长与进步。若人们仅倾向于向友人学习，而对潜在的竞争对手或对立者采取忽视态度，其视野将不可避免地变得狭隘，进而限制其个人的进步空间。唯有在能够公正地审视并汲取他人（包含对手或敌人在内）的优点与长处的基础上，我们才能实现真正的开阔视野、增强实力，从而变得坚不可摧。

3. 自我反省与修正

认识到“人之其所贱恶而辟焉”这一道理后，我们应该进行自我反省，检查自己在面对自己所鄙视或厌恶的人或事物时是否存在偏见。如果存在，我们应该努力修正这种偏见，以更加公正、客观的态度去看待他人和事物。这样不仅能够促进我们自身的成长与进步，还有助于构建和谐的人际关系和社会环境。

4. 历史与现实的例证

历史上不乏因偏见而导致失败或灾难的例子。如东汉时期的明德皇后——马皇后，她是汉明帝刘庄的皇后，后世常尊称为明德马皇后或马明德。她深明古今成败大义，始终压制自己娘家的势力，避免重蹈西汉后族因荣宠过盛而导致灭亡的覆辙。这些例子都告诫我们，在面对自己所鄙视或厌恶的人或事物时，必须保持清醒的头脑和公正的态度，以免因偏见而铸成大错。

综上所述，"人之其所贱恶而辟焉"这句话讲了一个深刻的道理：人们在面对自己所鄙视或厌恶的人或事物时容易产生偏见，这种偏见不仅会影响我们对他人的准确判断，还可能阻碍我们自身的成长与进步。因此，我们应该时刻保持警惕和自省，努力修正自己的偏见，以更加公正、客观的态度去面对生活中的每一个人和每一件事。

三、武姜为何偏爱共叔段?

俗话说，"皇帝爱长子，百姓爱幺儿"。在一个非独生子女的家庭中，父母要做到一碗水端平是很难的，所以才会有我们常说的"偏心"现象。

对一个母亲来说，无论她身处深宫还是农家，最偏爱的往往是小儿子，否则也不会有句老话："老儿子大孙子，老太太命根子。"

历史上最典型的例子，就是我们今天要讲的春秋时期的武姜偏爱共叔段的故事。

1. 偏爱幼子

武姜，郑国武公的夫人，因出身于申国姜氏，所以后世人称她为“武姜”。

据记载，武姜生第一个孩子时难产，孩子头未先出，而是脚先露出，情况十分危急。古代医疗技术不发达，女子分娩往往面临生命危险。遇到这种情况，即使王公贵族也只能听天由命。好在母子最终都安然无恙，化险为夷。但这次经历给武姜造成了极大的心理伤害。虽然她十月怀胎，但她认为这个孩子是来要她命的，因此对他极其厌恶。她还给孩子起名为“寤生”，取其“倒着出生”的意思，这个名字听起来总觉得有些别扭。

后来，武姜又有了第二个儿子，就是咱们今天常说的“幺儿”——共叔段。共叔段出生时比较顺利，而且容貌俊秀，嘴巴也甜，武姜越看越喜爱，愈发宠爱起这个小儿子来。相比之下，大儿子寤生就显得有些碍眼了。

2. 夺嫡之争

寤生作为嫡长子，按照祖宗礼仪，被立为太子。但武姜却不乐意了，她整天在郑武公身边吹耳旁风，数落寤生的不是，称赞共叔段孝顺、有爱心，想废除寤生的太子之位，改立共叔段。

好在郑武公虽然年老但还并不糊涂，他了解事情的来龙去脉后，就由着武姜闹去了，一直到他最后咽气，还坚持要把国君之位传给太子寤生。由于王位继承合法，且得到众大臣的拥护，这才成就了后来“春秋三小霸”之首的郑庄公。说起来，郑庄公还得感谢自己有个态度坚定、眼光独到的好父亲。

3. 长子之志

毛主席在读史时，曾给予郑庄公极高的评价，认为他是一个“很厉害的人”。作为一个被母亲极度厌恶的人，郑庄公究竟厉害在哪里呢？

第一，遇事能忍。郑庄公即位之后，武姜和共叔段并不甘心，背地里一直在寻找翻盘的机会。在武姜的支持下，共叔段不仅超规格要求将京城作为分封地，而且公然招兵买马、胡作非为。其反叛之心，昭然若揭。有大臣提醒庄公要及早应对共叔段，郑庄公答复说：“段现在做得还不算过分，我若此时对段采取制裁，姜氏一定会出来阻拦，这样不仅天下人会骂我对兄弟不义，还会骂我对母亲不孝。还是再等他多做点大逆不道的事再说吧。”这就是“多行不义必自毙”的由来。

果然，经过一段时间的准备，共叔段和武姜里应外合，准备攻打都城。城内的百姓和士兵都不满于共叔段的所为，纷纷倒戈。失去支持后的共叔段兵败自杀。武姜也成为孤家寡人。

郑庄公在胞弟和母亲的阴谋下，一直忍受了22年。苏轼在《留侯论》中说：“古之所谓豪杰之士，必有过人之节，人情有所不能忍者。匹夫见辱，拔剑而起，挺身而斗，此不足为勇也。天下有大勇者，卒然临之而不惊，无故加之而不怒。此其所挟持者甚大，而其志甚远也。”

第二，出手够狠。郑庄公面对共叔段的叛乱，虽一直隐忍不发、韬光养晦，但一旦箭在弦上，不得不发时，他绝不拖泥带水，而是以雷霆万钧之势全线出击，不仅在武力上击溃对方，而且在心理上也要彻底击垮对方，让对方绝无反手之力。我们的高中课文——《郑伯克段于鄢》，就详细记录了这场战争的经过。他的妥协隐忍绝不是懦弱无能，而是一个国君和兄长必备的治国素养和胸怀。

第三，把握分寸。平定了共叔段之乱后，怎么处理内应——自己的母亲武姜呢？正在气头上的郑庄公把武姜安置在城外，并且立誓说：“不到黄泉誓不相见。”但很快，作为人子的郑庄公就后悔了。如果按照誓言，这辈子恐怕再也见不到母亲了。母亲逐渐年迈，这岂不是有悖人伦了吗？郑庄公的顾虑被一个大臣颍考叔知道了。颍考叔建议说："不如在地下修条通往城外的地道吧。如果挖到泉水，不就是黄泉了吗？这样，您既不违背誓言也能见到母亲了"。郑庄公采纳了颍考叔的意见，不仅见到了武姜，而且还把武姜接到宫中颐养天年。

由此可见，作为父母，给予孩子最好的礼物，是爱，而不是偏爱。

四、人之其所畏敬而辟焉

"之其所畏敬而辟焉"，这句话言简意赅，深入揭示了人们在与自己所敬畏或由衷敬重的人物交往时，内心往往会不自觉地倾向于一种微妙的心理偏移，即"辟"，意指偏离、偏向。这种心态源于人类天生的尊重与敬畏情感，在面对崇高、威严或品德高尚的人时，我们往往会心生敬畏，从而在言行举止中不自觉地展现出一种谦卑或退让的姿态，这就是所谓的"辟"之所在。这不仅是对他人的一种尊重和敬意，更是我们内心情感的真实反映。

人们往往会对他们所畏惧、敬畏的人产生偏见。

赵高是秦朝的宰相，在项羽打击秦国时想趁机谋乱。他担心各位大臣不服他，就先设法试探一下。于是，他带来一只鹿献给秦二世，说："这是一匹马。"秦二世笑着说："丞相搞错了吧？怎么把鹿说成是马呢？"他问左右的大臣，大臣们有的沉默不语，有的故意迎合赵高说是马，也有的说是鹿。赵高就在暗中陷害那些说是鹿的人。从此以后，大臣们都畏惧赵高。这就是著名的成语"指鹿为马"的来历。(《史记・秦始皇本纪第六》)

出于对赵高的畏惧，大臣们有三种选择，一是沉默、二是迎合、三是反对。迎合的人虽然会获得赵高的赏识，但以后却要用一生来欺骗自己，把鹿当作马。反对的人虽然被杀了，但他却活得很真实，一是一，二是二。

如果害怕被陷害，沉默也是一种选择，那么为什么要去迎合呢？子曰："危邦不入，乱邦不居。天下有道则见，无道则隐。"（《论语·泰伯篇》）现在人们喜欢追捧名人，似乎只要是名人，一切就都是好的、正确的。于是，催生了一种经济模式——"爆炒名人模式"，即把一名普通人经过"爆炒出锅"，迅速回收爆炒成本，赚取他出名后的溢出价值。如雨后春笋般，出现了无数的权威、大师、艺术家等，他们无奈地成为一件商品。被媒体揭露以后，众人才知道他们在欺骗大家。

1. 心理偏向的普遍存在

人们在日常生活中，对于自己所亲近、喜爱、厌恶、同情或轻视的人，都可能会产生不同程度的心理偏向。这种偏向并非完全出于恶意或邪念，而是人性中固有的一种情感反应。同样地，对于自己所敬畏或敬重的人，人们也容易因为对方的威严、品德或成就而产生敬畏之心，进而在判断或行为上产生一定的偏向。

2. 敬畏之心的双重作用

敬畏之心既是一种积极的情感，也是一种需要审慎对待的情感。它促使人们尊重长辈、敬仰贤能、遵守道德规范，从而维护社会的和谐与秩序。然而，如果敬畏之心过于强烈或不加节制，就可能导致人们在面对所敬畏的人时失去客观判断，甚至盲目遵从，产生不必要的偏颇。

3. 修身养性的重要性

"之其所畏敬而辟焉"这句话提醒我们，在修身养性的过程中，需要特别注意克服这种心理偏向。真正的修养不仅在于对美好品德的追求和实践，更在于在面对各种情感反应时能够保持清醒的头脑和客观的判断。只有这样，才能在复杂多变的社会环境中保持自己的独立性和原则性，不被外界因素所左右。

4. 实践中的应用

在实际生活中，我们可以从以下几个方面来践行这一道理：保持谦逊，面对自己所敬畏的人时，保持谦逊的态度，虚心学习对方的优点和长处，而不是盲目崇拜或遵从；客观判断，在评价或处理与所敬畏的人相关的事情时，尽量保持客观公正的态度，避免因为敬畏之心而产生不必要的偏颇；自我反省，经常进行自我反省，检查自己在面对各种情感反应时是否存在心理偏向，并及时加以纠正。

综上所述，“之其所畏敬而辟焉”这句话，通过阐述人们在面对敬畏之情时可能产生的心理偏向，强调了修身养性的重要性以及保持客观判断的必要性。这种对内心世界的细腻洞察和对客观真理的坚守，对于个人在复杂社会环境中保持清醒头脑、坚定信念至关重要，同时也为构建和谐稳定的社会关系提供了坚实的思想基础。

五、人之其所哀矜而辟焉

“之其所哀矜而辟焉”，这句话揭示了人性中一种深层的情感倾向。当面对那些我们深感怜悯和同情之人时，我们的情感往往会如潮水般汹涌而出，不自主地倾注过多的同情与怜悯。在这一过程中，我们的判断便可能会因情感的冲击而失去应有的平衡与客观判断，进而不自觉地偏向那些令我们心生怜悯之人。这种现象，不仅仅是情感的自然流露，更是我们人性中难以避免的一种倾向。它告诫我们，在表达同情与怜悯之时，亦需保持理智与冷静，避免过度的情感投入影响我们的判断，从而产生不必要的偏见。

1. 情感偏私的影响

人们在面对自己哀怜、同情的人时，由于内心深处的同情心和关怀，很容易在情感上产生倾斜。这种情感上的偏私，往往会导致人们在处理与这些人相关的事情时，难以保持客观和公正的态度，从而做出错误的判断或决策。

2. 行善需有原则

这句话还提醒我们，行善做好事虽然是一种美德，但也需要有原则和界限。如果行善不分对象，盲目地给予同情和帮助，不仅可能无法真正解决问题，反而可能助长一些不良行为或习惯，甚至给自己带来麻烦和伤害。因此，在行善时，我们需要看清对象，理性判断，避免因为一时的同情心而做出错误的决定。

3. 修身养性的重要性

“之其所哀矜而辟焉”这句话也强调了修身养性的重要性。一个真正有修养的人，应该能够在面对各种情感反应时保持冷静和理智，不被情感所左右。他们能够在同情和关怀他人的同时，保持客观公正的态度，做出正确的判断和决策。这种修养不仅体现在个人品质上，也体现在处理人际关系和社会事务的能力上。

4. 实践中的应用

在实际生活中，我们可以从以下几个方面来践行这一道理：保持冷静理智，在面对自己哀怜、同情的人时，首先要保持冷静和理智的态度，不要被情感所冲昏头脑；理性判断，在做出任何决定或采取行动之前，要进行充分的思考和理性的判断，确保自己的决策是客观公正、符合实际情况的；适度关怀，在关怀和帮助他人时，要注意适度原则，避免因为过度的同情和关怀而产生不良后果。

综上所述，《大学》中的“之其所哀矜而辟焉”这一论断，不仅揭示了人们在遭遇哀怜之情时可能产生的心理倾向及其潜在影响，更进一步强调了修身养性的核心价值以及行善应持的原则性。这一思想对于我们个体的精神成长和品格塑造具有深远的影响，同时也为社会的和谐稳定提供了重要的道德指引。它告诫我们，在面对他人的不幸与痛苦时，我们既要怀有同情之心，又需保持理性和原则，以确保我们的善行能够真正帮助到他人，并促进社会的和谐与进步。

六、人之其所敖惰而辟焉

“之其所敖惰而辟焉”，这句深刻的话语，揭示了一种微妙的心理倾向：当我们面对那些我们心中傲视与怠慢的对象时，我们往往会过于放大这种傲视与怠慢，从而在无形中产生了偏见与偏颇。其背后所蕴含的含义是，人们往往会因为对方的态度或行为，尤其是傲慢与懒惰的特质，而难以保持一颗公正之心，容易在情感与理智之间失衡。

在《大学》这部经典中，这种因个人偏见而轻视人才的思想被明确反对。它提醒我们，在人际交往和事务处理中，应当时刻保持一颗公正之心，不因个人的喜好或偏见而忽略了他人的价值与贡献。这样，我们才能真正地做到公正无私，从而在人际交往中赢得他人的尊重与信任。

春秋时期楚庄王与孙叔敖的故事就给我们提供了宝贵的启示。这个故事生动地展示了在春秋战国时期，一位明智的君主如何超越个人偏见，重视并重用有才能的人物。

楚庄王是楚国的一位杰出君主，他在位期间，楚国国力逐渐强盛，成为春秋五霸之一。孙叔敖是楚庄王时期的重要大臣，他出身贫寒，但才华出众，为楚国的治理和发展作出了巨大贡献。

据史书记载，孙叔敖在初入仕途时并未受到足够的重视，甚至可能因出身低微而遭受一些人的轻视和偏见。然而，楚庄王独具慧眼，不拘一格，发现了孙叔敖的才能和潜力。他重用孙叔敖，让其担任要职，参与国家大政方针的制定和实施。在孙叔敖的辅佐下，楚国政治清明，经济繁荣，军事力量也得到了显著增强。楚庄王和孙叔敖的合作成为了春秋战国时期君臣和谐的典范。

楚庄王在任用孙叔敖时，没有受到其出身、地位等传统偏见的束缚，而是基于孙叔敖的实际才能和表现来做出决策，是春秋战国时期各国君主争相招揽和重用人才的一个缩影。这体现了楚庄王作为一位明智君主的远见卓识和宽广胸怀。在这个时期，人才对于国家的发展和兴衰具有至关重要的作用。楚庄王通过重用孙叔敖等贤能之士，推动了楚国的强盛和繁荣。

“之其所敖惰而辟焉”这句话也是“修身”的一种实践指导。一个真正有修养的人，应该能够在面对各种人和事时保持平和的心态和客观公正的态度。他们不会因为对方的傲慢或懒惰而失去理智和耐心，而是能够以宽容和包容的心态去理解和接纳对方。同时，他们也会不断地自我反省和提升，努力成为一个更好的人。

本章深入探讨了“修身”与“齐家”之间的紧密联系，并明确指出“修身”为“齐家”之先决条件。《大学》所构建的人生发展阶梯，遵循着由内向外的逻辑顺序。在“八条目”中，“格物、致知、诚意、正心”四项着重于内在的修养，旨在实现“修身”的目标，即“明明德”的修炼过程；而“齐家、治国、平天下”三者则向外延伸，为“修身”的拓展，将“明明德”的理念扩展至“新民”的实践。因此，“修身”作为由内向外转变的关键环节，其完成是“齐家、治国、平天下”的基础。由此，“修身”的重要性不言而喻。这亦是对“自天子以至于庶人，壹是皆以修身为本”的深刻阐释。

本章所提出的“修身齐家”论，根植于儒家伦理道德学说，强调在追求“齐家、治国、平天下”的宏伟目标时，必须以“修身”为基石，以“修身”为核心，确保个人道德修养与齐家、治国、平天下的目标高度一致。

全章以主观好恶差异易引发偏见为例，进一步论证了管理家族和家庭的首要任务是修养个人身心，从而再次强调了修身作为齐家之先决条件的道理。

思考与讨论题

1. 请谈谈你对“人之其所亲爱而辟焉”的理解。
2. 请谈谈你对“人之其所贱恶而辟焉”的理解。
3. 请谈谈你对“人之其所畏敬而辟焉”的理解。

参考书目

1. 邵逝夫 . 大学释义 [M]. 北京：北京联合出版公司，2021.
2. 季羡林 . 季羡林的百年生命智慧 [M]. 苏州：古吴轩出版社，2020.
3. 傅佩荣 . 哲学与人生 [M]. 北京：北京联合出版有限公司，2019.

第七章

所谓治国必先齐其家者

内容提要

本章主要阐释“治国”和“齐家”之间的关系。欲治理国家，先要整治好自己的家庭和家族。君子只有提高了自身的品德修养，整顿好自己的家庭，即使不出门，也能完成对全国人民的教化。在家孝顺父母，就能在朝忠诚侍奉君主；在家恭敬兄长，就能在外恭敬侍奉官长；在家慈爱子女，就能用仁爱来对待民众。

在“修身”与“齐家”的关系上，《大学》认为主观上的好恶容易导致偏见，这不仅不利于“修身”，更不利于“齐家”，而“齐家”又是治国的前提。国家就好比一个大家庭，治国首先要“齐其家”。家是国家的缩影，是国家的基本细胞，一个家庭进退秩序达到和睦了，就可以出来做事教导他人了。

在《大学》看来，治国的重点在于“修身齐家”。君子的品性得到熏陶，家庭变得有条不紊、和谐有序，国家也自然会安定团结。本章三次引用《诗经》，来说明家人之间相亲相敬、和睦相处，才能管理好一个国家。

第一节 原文释义

【原文】

所谓治国必先齐其家者，其家不可教而能教人者，无之。故君子不出家而成教于国：孝者，所以事君也；悌[①]者，所以事长也；慈[②]者，所以使众也。《康诰》曰："如保赤子。"[③]心诚求之，虽不中[④]，不远矣。未有学养子而后嫁者也！一家仁，一国兴仁；一家让，一国兴让；一人贪戾，一国作乱。其机[⑤]如此。此谓一言偾[⑥]事，一人定国。尧、舜[⑦]帅[⑧]天下以仁，而民从之；桀、纣[⑨]帅天下以暴，而民从之。其所令反其所好，而民不从。

是故君子有诸[⑩]己而后求诸人，无诸己而后非诸人。所藏乎身不恕[⑪]，而能喻[⑫]诸人者，未之有也。故治国在齐其家。《诗》云："桃之夭夭，其叶蓁蓁。之子于归，宜其家人。"[⑬]宜其家人，而后可以教国人。《诗》云："宜兄宜弟。"[⑭]宜兄宜弟，而后可以教国人。《诗》云："其仪不忒，正是四国。"[⑮]其为父子兄弟足法，而后民法之也。此谓治国在齐其家。

【注释】

① 悌（tì）：指弟弟应该绝对服从哥哥。

② 慈：指父母爱子女。

③ 如保赤子：《尚书·周书·康诰》原文作"若保赤子。"这是周成王告诫康叔的话，意思是保护平民百姓如母亲养护婴孩一样。赤子，婴孩。

④ 中（zhòng），达到目标。

⑤ 机：本指弩箭上的发动机关，引申指“关键”。

⑥ 偾（fèn）：败，坏。

⑦ 尧舜：传说中父系氏族社会后期部落联盟的两位领袖，即尧帝和舜帝，历来被认为是圣君的代表。

⑧ 帅：同“率”，率领，统帅。

⑨ 桀（jié）：夏代最后一位君主。纣：即殷纣王，商代最后一位君主。二人历来被认为是暴君的代表。

⑩ 诸：“之于”的合音。

⑪ 恕：即恕道。孔子说：“己所不欲，勿施于人。”意思是说，自己不想做的，也不要让别人去做，这种推己及人，将心比心的品德就是儒学所倡导的恕道。

⑫ 喻：使别人明白。

⑬“桃之夭夭……”：引自《诗经·周南；桃夭》。夭夭（yāo），鲜嫩，美丽。蓁蓁（zhēn），茂盛的样子。之子，这个（之）女子（子）于归，指女子出嫁。

⑭“宜兄宜弟”：引自《诗经·小雅·蓼萧》。

⑮“其仪不忒……：”引自《诗经·曹风·鸤鸠》。仪，仪表，仪容。忒（tè），差错。

【译文】

之所以说治理国家必须先规范好自己的家庭和家族，是因为不能管教好家人而能管教好别人的人，是没有的。所以，有修养的人不必离开家庭就受到了治理国家方面的教育。对父母的孝顺可以用于侍奉君主；对兄长的恭敬可以用于侍奉官长；对子女的慈爱可以用于统治民众。《康诰》说：“如同爱护婴儿一样。”内心真诚地去追求，即使达不到目标，也不会相差太远。要知道，没有先学会了养孩子再去出嫁的人啊！一家仁爱，一国也会兴起仁爱；一家礼让，一国也会兴起礼让；一人贪婪暴戾，一国就会犯上作乱。其联系就是这样紧密，这就叫作：一句话就会坏事，一个人就能安定国家。尧舜用仁爱统治天下，老百姓就跟随着行仁；桀纣用凶暴统治天下，老百姓就跟随着变得暴戾。统治者的命令与自己的实际做法相反，老百姓是不会服从的。

所以，品德高尚的，总是自己先做到，然后才要求别人做到；自己先不这样做，然后才要求别人不这样做。不采取这种推己及人的恕道而想让别人按自己的意思去做，那是不可能的。所以，要治理国家必须先管理好自己的家庭和家族。《诗经》说："桃花鲜美，树叶茂密，这个姑娘出嫁了，让全家人都和睦。"让全家人都和睦，然后才能够让一国的人都和睦。《诗经》说："兄弟和睦。"兄弟和睦了，然后才能够让一国的人都和睦。《诗经》说："容貌举止庄重严肃，成为四方国家的表率。"只有当一个人无论是作为父亲、儿子，还是兄长、弟弟时都值得人效法时，老百姓才会去效法他。这就是要治理国家必须先管理好家庭和家族的道理。

第二节　授课讲义

本章的主题是"齐家"，深入阐释了第二章中"欲治其国者，先齐其家"这一观点。从语词关系来看，"国"和"家"始终紧密联系在一起；尤其是在以家族为中心的宗法制社会时代，"家"被视为最小国，家长则如同这个"小国"的国王；而国则由千万家组成，国王则是所有家庭的大家长。家是国的缩影，国则是家的延续和扩展。因此，无论是国王还是家（族）

长都拥有生杀予夺的至高权力；相应地，君君、臣臣、父父、子子的伦理规范也贯穿国与家之中。也正因为如此，我们才能理解“治国必先齐其家”这句话。

《易·家人卦》提到：“家人嗃嗃，悔，厉，吉。”大概意思是说，家长严厉训诫家人，即使家人“嗃嗃”（愁怨不满），但若能使其悔过并勉力改进，最终可获得吉祥。其中又谈到“有孚威如，终吉”，这是说如果自己能够诚实有信，威严持家，结果一定会获得吉祥。《易传·彖传下·家人》则进一步阐述：“家人有严君焉，父母之谓也。父父子子，兄兄弟弟，夫夫妇妇，而家道正，正家而天下定矣。”意思是说，家人中有一个尊严的君主，这就是指父母。做父亲的尽父道，做儿子的尽孝道，做兄长的像兄长，做弟弟的像弟弟，做丈夫的尽到丈夫职责，做妻子的尽妇道（各守其道），因而家道得正。家道正则天下安定。如果家庭成员都各自端正自身行为，各尽责任，则家必齐，家齐则国治。因此，在我国“修齐治平”的逻辑链上，齐家成为一个较为重要的环节。“齐家”被视为“治国”的前提，“家”在“国家”概念中的地位非常重要。

一、总论：中华传统文化中的“家国同构”

（一）何为“家”？

从词源来看，汉语中的“家”字最早见于商代甲骨文。以上图片展示了“家”字的演变过程。从甲骨文字形来看，上面是“宀”，无疑是房屋的象形，下面是“豕”，即猪的象形。由于古代生产力低下，人们大多在屋子里养猪，所以房子里有猪就成了家的标志。

许慎在《说文解字》的“家”条目中提到：“家，居也。从宀，豭省声。”他认为“家”的造字法是形声，本义为“住所”。而段玉裁在《说文解字注》中则认为“家”字“从豕”，属于会意字，本义为“乃豕之居也”，后引申假借为“人之居”。李乐毅在《汉字演变五百例》一书中，通过绘图将原始的“家”字解释为“在屋廊下摆‘豕’（猪）祭拜。”[①] 由此家又成为祭祀之所。甘怀真也认为，“家”的本义是宗庙这样神圣的建筑物，后用来指称共同参与一个宗庙祭祀仪式的亲族团体。[②] 由此可知，“居所”为“家”的原始义项。之后，由于夫妻关系的引入，“家”转而拥有夫妻婚姻的意义，即所谓“有夫有妇，然后为家”[③]。以这一核心义项为根基，加上“庭”所指代的居住空间意义，逐渐演化出“家庭”的概念。

“家”最基本的含义主要指家庭。家庭一般是指“由婚姻、血缘或收养而产生的亲属间的共同生活组织。”[④] 在“天子建国，诸侯立家”的语境中，“家”指的是父权封建制度下家族与政权组织合二为一的封邑。自春秋末年以来，由于宗法制度的逐渐瓦解，小型直系血亲单位逐渐摆脱宗族的桎梏，慢慢演变为以“五人家庭”为代表的家庭结构。两千多年来，这种家庭类型的基本模式一直保持相对稳定，并成为中国古代社会的基本单位。[⑤]

---

① 李乐毅：《汉字演变五百例》，北京语言大学出版社，2002，第 153 页。

② 甘怀真：《皇权、礼仪与经典诠释——中国古代政治史研究》，台湾大学出版中心，2004，第 209 页。

③ 郑玄注：《周礼·小司徒》。

④ 夏征农：《辞海》，上海辞书出版社，2000，第 1236 页。

⑤ 参见曾亦：《‘五口之家’——论中国古代家庭之结构与规模》，《中国社会思想及其现代性——中国社会思想史论集》，2010。

在古代，家庭的概念是指一个大家庭，而非现代意义上的几个人组成的小家庭。古代传统文化中的“家”，主要是基于“宗法社会”和“封建制度”相结合的“大家庭”或“大家族”的概念。农业社会的重土安迁的特点，导致“大家庭”缺乏流动的基础，这与现代社会截然不同，因为现代社会是一个工商社会。工商社会的显著特点是流动性，因为资本是流动的，它驱使人们不断流动。在传统社会中，聚族而居的大家庭流动起来十分不便。因此，大家庭本身就构成了一个“小社会”。在过去，中国文化中并没有其他专门的名称来指代“社会”。当“大家族”构成的“社会”与另一个家庭或许多其他家族的土地连接起来时，它就形成了更大范围的团聚，我们称之为“国家”。因此，“国家”这一名称从古至今便一直存在。

“大家庭”的“家族”观念在中国文化中根深蒂固，并且这种观念还影响了亚洲的其他地区，如韩国、日本，甚至东南亚。它也是民族主义和民族共和国观念的重要根源。特别是在中国，如果我们能够深入研究各地的“祠堂”和“家谱”，以及其中蕴含的“慎终追远”的精神和旧“祠堂”家族的“家规”，我们就能更好地理解为什么在古代政治制度中，政治官员的数量如此之少，而社会保障和安全人员却几乎等于零。那么，古代中国究竟采用了什么样的方法和系统，能够有效地管理好偌大的国家呢?

例如，在明末清初那段风云变幻的历史时期，满族作为一支新兴的外族势力，在东北地区崭露头角。他们凭借一支由十多万满蒙勇士组成的军队，其中虽夹杂着少数汉军将士，却足以展现其强大的军事力量。令人惊叹的是，这支军队竟能轻而易举地征服并统治了中国境内五六千万的庞大人口。他们所依赖的并不仅仅是杀戮，也不是全靠严刑峻法。他们深刻认识到文化统治的重要性。康熙皇帝在即位之初，就非常清楚地认识到了儒家“齐家、治国”理论的重心。为此，他颁布了“圣谕”，并要求乡村民间的读书人，在每月的农历初一、十五这两天，在村里的宗祠里讲解“圣谕"，大力提倡儒家孝道，把儒家思想作为必须遵守的戒律。后来，到了雍正时期，康熙的"圣谕"又被进一步扩大和阐释，最终形成《圣谕广训》。他们明白，"社会教育"的重点是在全社会营造一种规范的道德风气，而达到一种不言之教，不令而威的效用。[①]

（二）内圣外王：从"齐家"到"治国"

在《辞海》中，"齐"被解释为"管理、治理、使一致"，该文字最早在《周礼·天官·醢人》出现"以五齐、七醢、七七菹、三臡实之"[②]；"家"一般指家庭、家族，并进一步延伸为因血缘和家族而构成的社会群体；"齐家"意为"整顿家族的家风家规，整治管理家庭"[③]。儒家传统思想中蕴含着十分丰富的齐家思想。在《论语》《礼记》《颜氏家训》《家范》等著作中，详细阐述了传统儒家以克己、复礼、仁爱等为核心的齐家思想，这些思想使得家族成员能够团结一致，向好趋善。在这个意义上，"齐家"有两层含义：一是维护家族的团结和谐，营造和谐稳定的家族生活氛围，为个人自我实现提供有力支撑；二是通过礼乐教化明确家族成员做人做事的准则，劝导家族成员自觉祛恶向善，为保护家庭整体利益和传承家庭风气创造良好条件。《大学》中提到"齐家在修身"，认为齐家与修身本来就是紧密联系的两个过程——如果说修身是儒家的立身之本，那么齐家就是儒家的处世之基。从修身到齐家的过程，就是一个人从个体的人向社会的人转变的过程。

在中国发展了几千年的传统儒家齐家思想中，家族的存在一直具有非凡的社会意义，被认为是"治国、平天下"的基础。在家天下的社会环境

---

① 南怀瑾：《原本大学微言》，复旦大学出版社，2016 第六篇。

② 陈勤香：《周礼祭祀词语研究》，广西师范大学硕士学位论文，2006。

③ 胡广平：《礼记（下）》，中华书局，2017，第 659 页。

下，家庭道德教育被赋予了重要使命，肩负着治国安邦的重任。《孟子·离娄上》中提到，“人有恒言，皆曰‘天下国家’。天下之本在国，国之本在家，家之本在身。”这意味着，只要家庭治理得当，国家就能治理好，社会结构就能基本稳定。一个完善的社会是由一个个完善的家庭所构成的，家庭是社会最基本的单位。因此，治理好国家的首要前提就是治理好每一个家庭，这样国家才能兴旺发达，天下才会和平。

中国传统社会以自然经济为基础，以宗法血缘关系为纽带，在漫长的历史发展过程中，形成了家邦融合、家国同构的政治结构和社会历史模式。在此基础上，儒家认识到中国社会的宗法血缘关系是中国传统道德关系和行为道德规范形成的主要原因。因此，儒家将“齐家”和“治理”置于同等重要的位置，强调两者的相互依存、相互促进、共同发展。在儒家看来，以“父子”关系维持家庭生活秩序，与以“君臣”关系稳定国家政治秩序相类似。因此，儒家强调忠诚、孝道和德治的重要性，并将孝敬老人、祖先等家庭伦理和道德规范延伸到治国理政之中。“子曰：‘君子之事亲孝，故忠可移于君；事兄悌，故顺可移于长，居家理，故治可移于官。’”①中国当代著名哲学家冯友兰也说过：“家族制度，在过去就是中国的社会制度。”②在家庭基础上建立国家，使得两者具有共同利益性和不可分割性。因此，中国传统的家庭道德教育体现了伦理与政治的紧密结合，“家的原理是伦理，国的原理是政治，家国一体必然是伦理政治。由“家”及“国”的逻辑是由伦理扩展到政治……家庭血缘的情理上升为国家政治的法则。”③另一方面，封建国家等级统治的特点也渗透到传统家庭中，导致家庭政治化现象的出现。家庭伦理与国家专制相互作用，共同维护社会的和谐稳定。

① 孔丘著、陈书凯：《孝经》，中国纺织出版社，2007，第130页。

② 冯友兰：《中国哲学史》，北京大学出版社，1996，第24页。

③ 张培峰：《人之子》，南开大学出版社，2000，第63页。

在此基础上，在家庭与社会的关系中，社会的价值取向对家庭形成的价值取向具有决定性作用。

在中国历史上，“国”和“家”二字很早就在口语中连用，成为紧密关联的词。《老子》第十八章提到“六亲不和，有孝慈；国家混乱，有忠臣”，这阐述了基于血缘关系的“家”和从属于政治领域的“国”所面对的问题具有一致性。《大学》中的“齐家治国篇”对这两者的互生关系说得非常肯定，认为“家”不“齐”却能国治，这样的事情是不可能发生的。

秦汉以来，“家天下”的政治格局虽然被逐步打破，但在中华传统文化的衍生脉络里，“国”仍然保留着“家”的痕迹。《尚书·洪范》篇提到的“天子作民父母，以为天下王”就是用家庭关系来比喻治理天下，认为父母教导子孙和国家哺育子民在性质上是一样的。于是，后来就有了将地方首长称为“父母官”的习惯。

在唐代，大文学家白居易在讨论礼乐时，就写道：“序人伦，安国家，莫先于礼；和人神，移风俗，莫尚于乐。二者所以并天地、参阴阳，废一不可也。”（《白氏长庆集·议礼乐》）从中可以看出，白居易所代表的士大夫对家庭的人伦秩序与安定国家之间的一脉相承关系极为重视。

到了北宋，《大学》从《礼记》中脱离出来，独立成书，成为儒学经典之一。“修身、齐家、治国、平天下”被读书人奉为圭臬，这不仅是士大夫读书明理、提高修养的必经途径，更是他们服务国家、创造事功的重要道路。“齐家”被视为“治国”的前提，在“国家”概念中，“家”被赋予了重要地位。

南宋陈淳在书中提出了一系列从“修身、齐家”到“治国”的要求：“从国家角度，为人君要仁，为人臣要敬；从家庭角度来说，为人子要孝，为人父要慈——两者同生共进。”（《北溪字义》）

综上所述，自《礼记》而至《大学》及之后，“修齐治平”这套思想体系逐步发展成熟。其中，“齐家”被视为“治国”的前提，“修身”则是“齐家”的重要基础。因此，在中华传统文化中，无论是小到家庭还是大到国家，都极为重视通过“教导”家人和“教化”百姓来维护社会稳定，实现国泰民安。

儒家传统的齐家之道具有社会政治功能，是治理国家、平治天下的基础。因此，儒家也提出了“家为国之本”的说法。既然被视为国之本在家，治国就应当从治家开始，社会和谐也应从家庭发端。《论语·为政篇》中记载：“或谓孔子曰：‘子奚不为政？’子曰：‘《书》云：‘孝乎惟孝，友于兄弟，施于有政。’是亦为政，奚其为为政？’”孔子的话告诉我们孝悌之道的延伸。在古代家国一体的社会结构中，孝悌之道在家与在国是相通的。只要你在家中做到了孝悌，就可以将这种美德与精神运用到政治上去，入仕当官，为治理国家作出贡献。从这个意义上说，孝悌之道即为政之道。《论语·学而篇》载：“有子曰：“其为人也孝悌，而好犯上者，鲜矣；不好犯上而好作乱者，未之有也。”这表明孝悌不仅仅关乎个人和家庭，更关系到社会的安定和天下的太平。在家庭中践行孝悌之道，国家社会就不会发生“犯上作乱”的事情。换句话说，个体在家庭中接受长幼秩序的教育，进入社会后才能更好地接受既定的社会规则，成为一个遵纪守法的公民。“家国”同构是儒家思想中最特殊的精神财富和价值体系，是中华民族特有的文化基因。“为国之本在于为身。身为而家为，家为而国为，国为而天下为。故曰：以身为家，以家为国，以国为天。此四者，异位而同本。”①《易传·彖传》曰：“正家而天下定矣。”陆绩注：“圣人教先从家始，家正而天下化之”②。

---

① 陆玖：《吕氏春秋》，中华书局，2011。

② 李鼎祚：《周易集解》卷八，中央编译出版社，2011。

家国同构的个人意识是中国传统社会中自我价值的主要表达，是穷其一生所追求的最高道德理想，已成为传统社会的普遍共识。人人追求“修身、治国、平天下”的宏伟理想，并以此作为光耀门楣的重要依据。儒家心系天下，把身、家、国、天下视为一脉相承的社会连续体、休戚与共的利益共同体，时刻强调个人品格修养的合理性，从而力求在自我、家族、国家和天下的连续体中获得同一性①。

二、分论一:“孝”“悌”“慈”乃“为仁之本”

【原文】

所谓治国必先齐其家者，其家不可教而能教人者，无之。故君子不出家而成教于国：孝者，所以事君也；悌者，所以事长也；慈者，所以使众也。《康诰》曰：“如保赤子。”心诚求之，虽不中，不远矣。未有学养子而后嫁者也！一家仁，一国兴仁；一家让，一国兴让；一人贪戾，一国作乱。其机如此。此谓一言偾事，一人定国。尧、舜帅天下以仁，而民从之；桀、纣帅天下以暴，而民从之。其所令反其所好，而民不从。

【解读】

“齐家治国”篇分为两小节，本段为第一小节，特别讲明“治国”与“齐家”的关系。家乱了，国也会乱。如果社会和谐友爱，那么这个和谐友爱之情的原发地，就出自家庭。通常说，无国就无家，反过来也一样，无家也会无国。中华民族一直保持大统一的状态，与这种传统教育，传统的家国观念是分不开的。

---

① 许纪霖：《家国天下——现代中国的个人、国家与世界认同》，上海人民出版社，2016。

在儒家看来，那些不能教育好家人的人是不可能治理好国家的。其理由有二：一是在家中都不能实行仁义道德，在国家政治生活中也就不会讲仁义道德。因此，要首先在治家的过程中培育治国所需要的那些道德品质和才干。所以文中说："故君子不出家而成教于国。"理由二是，统治者治理好自己的家以后，就树立了一个榜样，产生巨大的影响，整个社会都会来仿效，这就是文中所说的："一家仁，一国兴仁；一家让，一国兴让。"相反，则是"一人贪戾，一国作乱"。

本段重点提到"孝""悌""慈"乃行仁之本。孝悌本为家族伦理，指事父、事兄。慈是父母对孩子的爱。家庭关系以父子关系为最重要。因此，孝为人伦之首，其次是兄弟关系。"孝悌"是儒家在齐家方面最主要也是最根本的准则。孔子将"入则孝，出则悌，谨而信，泛爱众，而亲仁"(《论语·学而篇》作为处理家庭关系乃至社会关系的基本准则，并认为"人之行，莫大于孝"(《孝经》)，"孝悌也者，其为仁之本与"《论语·学而篇》。孟子说："亲亲，仁也；敬长，义也"(《孟子·尽心章句》)。古代启蒙读物《三字经》强调"首孝悌，次见闻"，肯定了孝悌在齐家中的首要地位。

孝悌"为仁之本"，但并不是做到孝悌就能够自然而然做到"仁"了。儒家讲孝悌与仁义，一定要推己及人，把爱撒播到他人，关照到和自己没有血缘关系的人，才是真正的仁。如果一个人只做到孝悌，只爱自己的父母、兄弟，而不爱他人，那并不能称之为"仁"。朱熹注释说："谓之行仁之本则可，谓是仁之本则不可。"如果只做到孝，没有推己及人，没有施于他人，那是不够的。所以，有子说，孝悌是为仁之本，朱熹解释说，不能把"为仁之本"理解为"仁"的根本，而是"行仁"的根本，也就是说，做到孝只是"行仁"的开始，是第一要素，是前提条件。

要做到齐家，必须将孝悌作为基础，而要多数人做到孝悌，则必须进行教化。古代的家规家训实际上就承担了这个功能。读书人通过家规家训告诫子孙后代何可以为、何不可以为，以家族声誉的名义为子孙后代的言行举止划定界限，而子孙后代要获得本家族的身份认同并获得家族支持，则必须尊崇践行家规家训。北宋名臣包拯在家训中告诫："后世子孙仕宦，有犯赃滥者，不得放归本家；亡殁之后，不得葬于大茔之中。不从吾志，非吾子孙。"《颜氏家训》中也有"窃人之财，刑辟之所处；切人之美，鬼神之所责"的训诫，劝诫子孙不可贪图他人劳动成果而据为己有。《朱子家训》多以"不""毋""戒"等字来教导后代、劝诫子孙："勿贪意外之财，勿饮过量之酒""居家戒争讼，讼则终凶；处事戒多言，言多毕失""毋恃势力而凌逼孤寡；毋贪口腹而恣杀生禽"，等等。清代李毓秀所著的《弟子规》更是家训文化的集大成者，它提出"勿践阈，勿跛倚，勿箕踞，勿摇髀""事勿忙，忙多错，勿畏难，勿轻略""斗闹场，绝勿忙，邪僻事，绝勿问"等。读书人通过家规家训将为人处世的优秀做法和经验转化为简约的文字传递给后人，为他们确立起人生标杆和行为准则。以"孝悌"为根本、以家训为载体的"齐家"文化，在家这个最小的社会单位中构筑了中国人做人处世的基本原则，有效地助推了整个社会公序良俗的形成，稳固了中国传统社会金字塔结构的底层。

> 所谓治国必先齐其家者，其家不可教而能教人者，无之。故君子不出家而成教于国：孝者，所以事君也；悌者，所以事长也；慈者，所以使众也。

这段话的意思是，想要治国必先整齐好家，连自己的家人都教不好，却想去教化别人，这样的人是不存在的。因此，君子规划好家，成为引领国人的表率：做到孝、悌、慈，也就可以做到事君、事长与使众。

第一句话就点明了中心，"治国必先齐家"。为政者只有具备了"齐家”的能力，才能治理好国家。做到了“齐家”，就意味着已经领会了“孝”“悌”“慈”等伦理规范的精神实质，也就把握了道德的根本原理。而“齐家”的道德原理同样适用于政事，在此意义上，君子通过“孝以事君”“悌以事长”“慈以事众”，可以“不出家而成教于国”。

“君子不出家而成教于国”，“教”字有“治”的意思。因为君主对于国来说，又处于大家长的地位，治国除了治理百姓，很重要的内容是先教化家族内部成员。这也给周代政权寄予了厚重的“政教合一”特色。《尚书·尧典》“克明俊德，以亲九族。九族既睦，平章百姓。百姓昭明，协和万邦。”“亲九族”就是齐家，“平章百姓”就是“治国”。

此处的“君子”指的是国君。《说文》中提到：“君，从尹从口，尊也。”段玉裁注曰：“从口，治也。”因此，“君”是指处于尊贵地位、发号施令、治理社会的人。而“子”是对贵族及有文化教养的人的尊称。所以，“君子”既有一定社会地位的人，也指有教养的人。“君子不出家而成教于国”的意思是说，只要家里的事情处理好了，就是在治国。这句话的依据是《论语·为政篇》：“或谓孔子曰：‘子奚不为政？’子曰《书》云：‘孝乎惟孝，友于兄弟，施于有政。’是亦为政，奚其为为政？”这句话的意思是有人对孔子说：“您为什么不参与政治？孔子说：‘《书经》上说‘最重要的是孝顺父母，友爱兄弟，再推广到政治上去。’这就是参与政治了，不然，如何才算是参与政治呢？”君子只要在家做到“孝”与“悌”，不必离家从政做官，其效果即无异于“为政”。

“孝者，所以事君也；弟者，所以事长也；慈者，所以使众也。”就是说的“孝”“悌”“慈”在“齐家”方面的意义，理解家族伦理，遵守家族伦理，也就理解了治国的道理。有子曰：“其为人也孝悌，而好犯上者，鲜矣；不好犯上而好作乱者，未之有也。”（《论语·学而篇》）孝悌之人不犯上作乱，即可事君事长。

“孝、悌、慈”是齐家之道的三大法宝，也是治国的三个法宝。《孝经》讲：“夫孝，始于事亲，中于事君，终于立身。”忠君是孝父的扩大，家与国相通，君与父相代，故形成了以忠孝治理天下的政治文化传统。宋吕本中撰《官箴》提到：“事亲孝，故忠可移于君；事兄悌，故顺可移于长；居家理，故治可移于官。岂有二理哉！”他认为，如果人们能够在家中对父母尽孝，对兄长顺服，那么他在外就可以对国家尽忠。

在家，孝、悌、慈；在国，事君、事长、使众。“积善之家，必有余庆；积不善之家，必有余殃。”（《易经·坤卦·文言》）家是成就君子之所，君子风范带动全家。各正名分，各尽其心力，共创和谐家族，就是治国的缩影。

从齐家到治国的过程，本质上就是推己及人的过程。无论是孝悌，还是慈爱，都要将其推广开来。具体来说，就是要将对父母的孝推广为对国君的忠，将对兄长的悌推广为对年长之人的敬，将对孩子的慈推广为对众人的爱，即做到“泛爱众，而亲仁”。

《康诰》曰：“如保赤子。”心诚求之，虽不中，不远矣。未有学养子而后嫁者也！

《康诰》上说：“如同保护天真的孩子一样保护你的人民。”“赤子”，就是新生婴儿，老子提到：“含德之厚，比于赤子。蜂虿虺蛇不螫，攫鸟猛兽不搏。骨弱筋柔而握固，未知牝牡之合而朘（zuī）作，精之至也。终日号而不嗄（yōu），和之至也。”（《老子·德经·五十五章》）让自己的心变得醇厚、朴实，就如保护孩子一样，要让心一直处于这种状态。那么，自己的心所展现出来的自然就是“孝、悌、慈”。回归到本心，不断地深入体悟，即使你不知道什么是孝、悌、慈，你所做的事情也离“孝、悌、慈”

不远了（“心诚求之，虽不中不远矣”）。就像那句古话说的，“未有学养子而后嫁者也”，“未有学养子而后嫁者也”，意思是，哪有先学会生孩子再嫁人的道理呢？只要心里诚心去做，虽然做得可能不太合适，但距离成功也不会太远了。在家庭关系中，做到格物致知之后，确实该执行的就去做，逐渐做下去，总会到达目的地。就算达不到目的，距离达到目的也不会太远，不会脱离家庭之道。就像女子嫁人，安心做好自己，诚心去寻找君子，再一起齐家治国，一步步认真做下去。哪有先学生子再嫁人的道理呢？

孔子曰：“仁远乎哉？我欲仁，斯仁至矣。”（《论语·述而篇》）“如保赤子”就是爱他人的过程，就是“行仁”的过程。孔子认为，行仁之路并不遥远，只要内心向往并付诸实践，就可以实现心中的理想。对于“如保赤子”，我们一定要真心实意地去践行，即使暂时做不到尽善尽美，但只要持续努力，也就离目标不远了。

> 一家仁，一国兴仁；一家让，一国兴让；一人贪戾，一国作乱。其机如此。此谓一言偾事，一人定国。尧、舜帅天下以仁，而民从之；桀、纣帅天下以暴，而民从之。其所令反其所好，而民不从。

朱熹注曰：“一人，谓君也。机，发动所由也。偾，覆败也。此言教成于国之效。”《四书章句集注·大学章句》王船山曰：“一人贪戾，则近而受之者家，远而受之者国，其必至而不差，一也。”（《读四书大全说》卷一）

本段讲述的就是国君在“齐家”方面所起的重要表率作用，由此产生上行下效的效果。当一家人相互保持仁爱之心时，这种氛围会影响到整个国家，激发国家中人们的仁爱之心；同样，当一家人相互保持忍让之心时，也会影响到国家，激发国家中人们的忍让之心。相反，如果由于一个人的贪戾行为而影响到国家，就可能会引起国家的混乱。国家与家庭之间的关系影响，其契机正是如此。

“此谓‘一言偾（覆败）事，一人定国。’”这是说，一句话，如果相信的人多了，就有可能颠覆一件事情；而如果一个人能够得到家里人，附近的人乃至整个国家的信任，那么他就有可能安定一个国家。

“尧、舜帅天下以仁，而民从之。桀、纣帅天下以暴，而民从之。其所令反其所好，而民不从。”这句话的意思是，尧、舜带头执行以仁爱治理天下，受其影响，民众间就充满了仁爱。相反，如果不仁爱，像桀纣一样残暴，民众间就充满残暴。如果自己仁爱，却要求民众残暴，或者自己残暴，却要求民众仁爱，这样人民是不会顺从的。孔子说：“其身正，不令而行；其身不正，虽令不从。”（《论语·子路篇》）这句话的意思是，统治者本身行为端正，即使不下命令，百姓也会跟着走上正道；但是统治者本身行为不端正，即使他下令要求百姓走上正道，百姓也不会服从。这与本段提到的“其所令反其所好，而民不从。”意思相合。

治国者应将家庭道德运用并推广到国家的政治生活中，以对待家人的情感来对待全社会的人，致力于在全社会营造家庭式的秩序与和谐。文中提出，在家中对父母的孝顺，应转化为在朝廷中对君主的忠诚；在家中对兄长的敬爱，应转化为在官场中对长上的尊敬；在家中对小辈的慈爱，应转化为在治国时对下属或百姓的关怀。文中特别强调，统治者对待老百姓应像对待“赤子”一样，充满怜爱和疼爱的柔情。

三、分论二：君子推己及人

是故君子有诸己而后求诸人，无诸己而后非诸人。所藏乎身不恕，而能喻诸人者，未之有也。故治国在齐其家。《诗》云：

“桃之夭夭，其叶蓁蓁。之子于归，宜其家人。”宜其家人，而后可以教国人。《诗》云：“宜兄宜弟。”宜兄宜弟，而后可以教国人。《诗》云：“其仪不忒，正是四国。”其为父子兄弟足法，而后民法之也。此谓治国在齐其家。

本小节反复强调以身作则，推己及人，要求“有诸己而后求诸人，无诸己而后非诸人”，指出“其所令反其所好，而民不从”。孔子说：“君子求诸己，小人求诸人。”（《论语·卫灵公篇》）孟子说：“行有不得者皆反求诸己。”（《孟子·离娄章句上》）儒家讲的“己”，“人”与“己”相对，指的是他人。“求诸己”是对自己严格要求，敢于担责。“求诸己”的方法关系到处理人己关系的出发点，也是齐家的资格、治国的前提。

是故君子有诸己而后求诸人，无诸己而后非诸人。所藏乎身不恕，而能喻诸人者，未之有也。

所以，君子在自己具备了的时候才要求别人去做，自己不具备的就不要去指点别人。如果自己都不能“由此及彼”地想问题，怎么可以让别人明白“由此及彼”地想问题的道理呢！《孟子·尽心章句下》提到：“可欲之谓善，有诸己之谓信，充实之谓美，充实而又光辉之谓大，大而化之之谓圣，圣而不可知之之谓神。”这也是先正己再正人的想法。《孟子·公孙丑章句上》提到：“射者正己而后发，发而不中，不怨胜己者，反求诸己而已矣。”宋朝程颐在《周易程氏传》卷三也提到：“君子之遇艰阻，必反求诸己，而益自修。”明代王守仁在《传习录》卷上写道：“子夏笃信圣人，曾子反求诸己。”意思都是说，遇到事情要从自己方面找原因。

“所藏乎身不恕，而能喻诸人者，未之有也。”意思是自己身上所行的德行如果无法推己及人，却能够让别人了解该做什么，那是不曾有过的事。“恕”是会意兼形声字。从心，从如，如亦声。本义为恕道，指由己之心推想他人之心，即所谓“如心”。《说文解字》解释：“恕，仁也。”《论语·卫灵公篇》中记载：“子贡问曰：‘有一言可以终身行之者乎？’子曰：‘其恕乎！己所不欲，勿施于人。’”恕就是设身处地为别人考虑，将心比心，推己及人。朱熹在《四书章句集注·大学章句》中注曰：“有善于己，然后可以责人之善；无恶于己，然后可以正人之恶。皆推己以及人，所谓恕也，不如是，则所令反其所好，而民不从矣。”在《朱子语类》中，朱熹将“恕”解释得很通透：“范公‘恕己之心恕人’这一句自好。只是圣人说恕，不曾如是倒说了。不若横渠说‘以责人之心责己，爱己之心爱人’，则是见他人不善，我亦当无是不善；我有是善，亦要他人有是善。推此计度之心，此乃恕也。”“‘治国’章乃责人之恕，‘平天下’章乃爱人之恕。”

《诗》云：“桃之夭夭，其叶蓁蓁。之子于归，宜其家人。”宜其家人，而后可以教国人。《诗》云：“宜兄宜弟。”宜兄宜弟，而后可以教国人。《诗》云：“其仪不忒，正是四国。”其为父子兄弟足法，而后民法之也。此谓治国在齐其家。

本小节三次引用《诗句》成句，来反复阐释齐家对于治国的重要性。

桃之夭夭，其叶蓁蓁。之子于归，宜其家人。

出自《诗经·周南·桃夭》，大意是“桃树含苞满枝头，桃叶茂密色葱绿。姑娘就要出嫁了，夫妻和睦是一家。”这首歌简单朴实，唱出了女子出嫁时对婚姻生活的希望和憧憬，用桃树的枝叶茂盛、果实累累来比喻婚姻生活的幸福美满。“宜其家人”是本句重点，意为使家庭和睦，由此可以推及到使国人和睦。

“宜兄宜弟”出自《诗经·小雅·蓼萧》，这是一首天子宴请诸侯并赞美他们的诗。意思是诸侯在宴会上并无猜忌，彼此都是如兄如弟相亲相爱。曾子在这里单独引用这一句，有一语双关之意。对于治国平天下而言，它指的是能够实现“柔万邦”“怀远人”的成果；而对于家庭而言，它则指的是兄弟姊妹、至亲骨肉之间的和睦康乐，以及互相敬爱的作用。

“其仪不忒，正是四国。”出自《诗经·国风·曹风》。鸤鸠就是布谷鸟，学名杜鹃。这首诗通过借布谷鸟以其自身为表率教导小鸟的行为，来赞美君子能够以身作则，教化百姓。“忒”字，有正心不变的意义。必须要做到表里内外如一，终身不变，才能正己、正人。无论是在家庭、家族中，还是对治国平天下，都是如此。只有这样，才可以自立、立人，引领天下人以正道！

《中庸》第十五章：“君子之道，辟如行远必自迩，辟如登高必自卑。《诗》云：‘妻子好合，如鼓瑟琴；兄弟既翕，和乐且耽；宜尔室家，乐尔妻帑。’”这段话的意思是，君子实行中庸之道，就像走远路一样，必定要从近处开始；就像登高山一样，必定要从低处起步。《诗经》说：“妻子儿女感情和睦，就像弹琴鼓瑟一样悦耳动听；兄弟关系融洽，和顺又快乐；使你的家庭和睦美满，使你的妻儿幸福快乐。”此句很好地诠释了本段主旨：君子是要治国做事的，但做事的前提是要齐家，即处理好夫妇关系、父子关系、兄弟关系。只有家庭关系和睦了，才能奏出和谐的齐家交响曲。

“其为父子兄弟足法，而后民法之也。此谓治国在齐其家。”君子作为父亲、儿子、哥哥、弟弟的表现都值得效法，然后，百姓才会效法他。这就是说：治理国家即是要规范自己的家庭。《易传·彖传下·家人》：“家人，女正位乎内，男正位乎外。男女正，天地之大义也。家人由严君焉，父母之谓也。父父、子子、兄兄、弟弟、夫夫、妇妇，而家道正。正家，而天下定矣。”家正而后国正，家齐而后国治。所以，《大学》本章结语说：“此谓治国在齐其家。”

第三节 “齐家之道”的传承

《大学》提出“格物、致知、诚意、正心、修身、齐家、治国、平天下”这“八条目”，并强调“古之欲明明德于天下者，先治其国；欲治其国者，先齐其家；欲齐其家者，先修其身；欲修其身者，先正其心；欲正其心者，先诚其意；欲诚其意者，先致其知；致知在格物。物格而后知至；知至而后意诚；意诚而后心正；心正而后身修；身修而后家齐；家齐而后国治；国治而后天下平。自天子以至于庶人，壹是皆以修身为本。”这段话表明，《大学》以修身为本，在修身之后，个体向社会展开的首要环节就是齐家。因为家庭是社会的基本细胞，家是国与天下的缩影，各种社会关系也不过是家庭关系的延伸与放大。因此，家在中国的传统社会中占有特殊重要的地位。

在家国一体、“溥天之下，莫非王土”的宗法社会中，注重家训教诫成为我国的一贯传统。早在《易传·象传下·家人》卦辞中就已经提出了“教先从家始”和“正家而天下定”的主张。此后，传统社会就一直将修身、齐家视为治国、平天下的前提和根本，而家训的产生和发展正是适应了这种社会需要。可以说，这种家和家庭教化的力量支撑了中国数千年的发展。

一、历代儒家齐家之道的传承

古人希望通过“齐家”达到和睦家庭、端正家风、垂范后世之效，即实现颜之推所说的“整齐门内，提斯子孙”。我国历代著名士大夫家族或大儒家庭，都有自己独具特色的齐家之道，这些齐家之道具体体现在他们的家训中。比较著名的家训现简介如下：

1. 周公的《诫伯禽书》

周武王灭商后，把周公封在了鲁地，但周公因为辅佐朝政，没有立即前往封地，而是让自己的儿子伯禽代为就位。《诫伯禽书》就是周公在伯禽前往封地之前，告诫儿子的一段话。在这篇家训中，周公把如何从政提升到了“王家”兴衰存亡的高度来认识，对后世产生了深远的影响，它首开中国古代仕宦家训的先河，被誉为中国第一部成文的家训。其中最有名的典故就是“一饭三吐哺”。伯禽没有辜负父亲的期望，没过几年就把鲁国治理成一个民风淳朴、务本重农、崇教敬学的礼仪之邦。正所谓“周公吐哺，天下归心”。周公对儿子的这番谆谆教诲，可谓良苦用心。

2. 司马谈的《命子迁》

司马谈是西汉著名史学家司马迁的父亲。可以毫不夸张地说，没有司马谈的家训《命子迁》，就没有司马迁的史学巨著《史记》。司马谈学识渊博，因此他后来担任了汉武帝设立的太史令一职，通称太史公，掌管天时星历，并负责记录、搜集和保存典籍文献。这个职位可以说是武帝为司马谈“量身定制”的。

因此，司马谈对汉武帝既感恩又尽职尽责。由于责任心极强，司马谈在临终时，拉着儿子司马迁的手，边哭边嘱咐，这就是著名的《命子迁》。司马谈希望自己死后，司马迁能继承他的事业，更不要忘记撰写史书，并认为这才是真正的“大孝”。他说：“且夫孝，始于事亲，中于事君，终于立身。扬名于后世以显父母，此孝之大者。”

他感到自孔子死后的四百多年间，由于诸侯兼并，史记断绝。如今海内一统，明主贤君、忠臣义士等的事迹层出不穷，作为一名太史，如果不能尽到写作的职责，内心会感到十分惶惧不安。因此，他热切地希望司马迁能完成他未竟的大业。司马迁不负父亲之命训，最终写出了被誉为“史家之绝唱，无韵之离骚”的《史记》，名垂青史。

3. 诸葛亮的《诫子书》和《诫外甥书》

诸葛亮 46 岁时才得子诸葛瞻。他很喜欢这个儿子，并希望他将来成为国家的栋梁之材。诸葛亮有两个姐姐，其中二姐的儿子叫庞涣，也深得诸葛亮的喜爱。尽管诸葛亮常年征战，政务繁忙，但他始终不忘对儿辈的教诲。他写给诸葛瞻和庞涣的两封家书，分别被称为《诫子书》和《诫外甥书》。《诫子书》中写道：“夫君子之行，静以修身，俭以养德。非淡泊无以明志，非宁静无以致远。夫学须静也，才须学也，非学无以广才，非志无以成学。淫慢则不能励精，险躁则不能治性。年与时驰，意与日去，遂成枯落，多不接世，悲守穷庐，将复何及！”《诫外甥书》中写道：“夫志当存高远，慕先贤，绝情欲，弃疑滞。使庶几之志揭然有所存，恻然有所感。忍屈伸，去细碎，广咨问，除嫌吝，虽有淹留，何损于美趣，何患于不济。若志不强毅，意气不慷慨，徒碌碌滞于俗，默默束于情，永窜伏不庸，不免于下流。”从这两封信中可以看出，他对儿子和外甥的要求是一致的。《诫子书》和《诫外甥书》都是古代家训中的名篇，它们阐述了修身养性、治学做人道理，读来发人深省。

4.《颜氏家训》

颜之推结合自己的人生经历、处世哲学和思想学识，写成《颜氏家训》一书用以训诫子孙。全书共有七卷，计二十篇，各篇内容涉及的范围相当广泛，但主要是以传统儒家思想教育子弟，讲述如何修身、治家、处世、为学等。他认为修身是实现齐家的首要手段，而齐家则是处世的根本。

他提倡学习，反对不学无术；认为学习应以读书为主，同时也要注意工农商贾等方面的知识；他主张“学贵能行”，反对空谈高论，不务实际等。书中许多名句一直广为流传，如：“与善人居，如入芝兰之室，久而自芳也；与恶人居，如入鲍鱼之肆，久而自臭也。”“积财千万，不如薄技在身。”“幼而学者，如日出之光；老而学者，如秉烛夜行，犹贤与瞑目而无见者也。”“父子之间不可以狎；骨肉之爱，不可以简。简则慈孝不接，狎则怠慢生矣。”“生不可不惜，不可苟惜。”等。

历代对《颜氏家训》非常推崇，甚至认为“古今家训，以此为祖”，该书被反复刊刻，虽历经千余年而不佚。

5. 包拯家训

包拯以公廉著称，刚直不阿，执法如山。他在晚年为子孙后代制定了一条家训，云：“后世子孙仕宦，有犯赃滥者，不得放归本家；亡殁之后，不得葬于大茔之中。不从吾志，非吾子孙。”共三十七字，其下又押字云：“仰珙刊石，竖于堂屋东壁，以诏后世。”又十四字。

“珙”者，即包拯的儿子包珙。包拯的这则家训是他生前对子孙的告诫，并让其子包珙刊石，竖于堂屋东壁，以照后世。这寥寥三十七字，凝聚着包公的一身正气、两袖清风，虽千载之下，亦足为世人风范。包拯的家训，既是他对后人的训诫，也是他一生的品格写照。

6. 欧阳修的《诲学说》

欧阳修 4 岁时父亲就去世了，母亲对他的教育很严格。为节减开支，母亲用芦苇、木炭作笔，在土地或沙地上教欧阳修认字。欧阳修在家训中希望儿子能继续养成读书的习惯，并从书中学会做人的道理。

于是，他在教导二儿子欧阳奕努力学习时写下《诲学说》："玉不琢，不成器；人不学，不知道。然玉之为物，有不变之常德，虽不琢以为器，而犹不害为玉也。人之性，因物则迁，不学，则舍君子而为小人，可不念哉？"欧阳修以"玉"喻"人"，诲学有道，可谓金玉良言。

7. 司马光的《训俭示康》

司马光在《训俭示康》一文中提倡俭素思想。他写此文的目的一是"训汝"（司马康，是司马光的儿子，以廉孝著称），二是"当以训汝子孙，使知前辈之风俗"。文章一开篇，司马光就说："吾本寒家，世以清白相承……众人皆以奢靡为荣，吾心独以俭素为美。人皆嗤吾固陋，吾不以为病。"他感叹当朝"风俗尤为侈靡，走卒类士服，农夫蹑丝履"，并认为"风俗颓弊如是，居位者虽不能禁"，但个人应该洁身自好，不随波逐流。为了向儿子说明"俭为美德，侈为丑行"的道理，司马光在文中一连举了李文靖、张文节等几个名人的事迹，用以证明"俭能立身，侈必自败"的观点。

因为《训俭示康》这篇文章写得有理有据，真切动人，司马康在读时忍不住流下了眼泪。此后，他一生始终把父亲的这篇家训当作做人的镜子，用来鞭策自己。由于司马光教子有方，其子司马康在为人、治学方面酷似其父，而且在不少学问上还有新的见解。当时，京洛一带流传着这样一句佳话："可为人师表者，司马父子也。"

8.《袁氏世范》

南宋时期的袁采，才德兼备，时人赞誉他“德足而行成，学博而文富”。在担任乐清县令期间，他感慨于当年子思在百姓中宣传中庸之道的做法，于是撰写《袁氏世范》一书，用来践行伦理教育。《袁氏世范》一书深入浅出，娓娓道来，如话家常，因此又称《俗训》。书中有许多句子十分精彩，如“小人当敬远”“厚于责己而薄责人”“小人为恶不必谏”“家成于忧惧破于怠忽”“党人不善知自警”等。《袁氏世范》很快便成为私塾学校的训蒙课本。历代士大夫都十分推崇该书，奉为至宝。

《袁氏世范》是中国家训史上与《颜氏家训》相提并论的一部著作，真正做到了“垂诸后世”。

9. 朱熹《朱子家训》

作为宋代儒学的集大成者，朱熹的齐家思想与他研究的“理学”密不可分。“天理”是其家庭伦理道德教育的首要内容，《大学》中的修齐治平思想也是他治学、仕宦生涯的指导原则。朱熹经世致用的思想使得他的齐家思想更加注重实践方面，具体体现在他的读书励志观和勤俭观上。朱熹讲过：“读书起家之本；和顺齐家之本；循理保家之本；勤俭治家之本。”[①]可以看出，朱熹认为读书是齐家的根本，只有家庭和顺才能将家族发展壮大，治理家庭一定要有理有据，并时刻注意保持勤劳俭朴。做到以上几点，才能更好地治理家庭、管理家人。《朱子家训》的核心就是谨守礼仪。君之德是仁，臣之德是慈，子之德是孝，兄之德是友，弟之德是恭，夫之德是和，妇之德是柔；事师贵礼，朋友贵信，敬老爱幼等。该书特别强调“勿

① 朱熹著：《私塾》，王国轩等译，中华书局，2011，第138页。

以善小而不为，勿以恶小而为之”。

《朱子家训》寥寥数百字，却全面阐述了朱熹关于做人的准则：仁、义、礼、智、信。它字字珠玑，是朱熹治家、做人思想的浓缩，倡导家庭亲睦、人际和谐、重德修身。俗话说：“做官先做人，官清先家清。为官者《朱子家训》不可不读，不可不看，不可不学，不可不用。”

10. 王阳明《示宪儿》

王阳明对自己的家庭成员和弟子的教育体现在许多方面，尤其是对儿子王正宪，他有一个《示宪儿》三字经。就其内容而言，王阳明的家训与当代社会主义核心价值观也是深相契合。第一，王阳明倡导文明和谐的伦理道德，其家训说：“勤读书，要孝悌；学谦恭；循礼仪。”第二，王阳明表彰向上的日常规范，其家训说：“节饮食，戒游戏；毋说谎，毋贪利。”王阳明宣扬“知行合一，致良知”的心地善良的“心学”，这是他思想的核心。其家训最后一部分揭示“心学”精髓——“凡做人，在心地；心地好，是良士；心地恶，是凶类”，强调“心”之重要。

11.《朱柏庐治家格言》

朱柏庐是明末清初人，著名理学家、教育家。朱柏庐的父亲在守卫昆山城抵御清军时遇难。朱柏庐侍奉老母，抚育弟妹，播迁流离，历尽艰辛。他始终未入仕，一生致力于教授乡里。他潜心治学，以程、朱理学为本，提倡知行并进，注重躬行实践。他与顾炎武坚辞不应康熙朝的博学鸿儒科，与徐枋、杨无咎并称为“吴中三高士”。其治家格言全文五百余字，内容简明赅备，文字通俗易懂，朗朗上口。问世以来，不胫而走，成为清代家喻户晓、脍炙人口的教子治家的经典家训。其中一些警句，如“一粥一饭，当思来处不易；半丝半缕，恒念物力维艰。宜未雨而绸缪，毋临渴而掘井。”在今天仍然具有教育意义。

12.《曾国藩家训》

曾国藩，被誉为清朝“中兴之臣”，是立德、立功、立言的“三不朽”者。曾国藩的齐家思想并不只是单纯地吸取传统儒家思想的养分，而是吸取百家之精华。从《曾国藩家书》中就可以读出儒家、道家、法家、墨家的思想。曾家就是在曾国藩独特的齐家思想教育下持续繁荣的。曾国藩希望子孙后代成为对待父母讲孝道，干事创业讲勤俭，与邻相处讲和睦的“仁人”。曾国藩对于子女教育有着极为严格的要求，他认为家族的兴旺全部得益于家族中弟子是否具有贤德，而想要弟子们变得贤德就需要通过有效的家庭教育。所以，曾家在后续数年代代出人才，就验证了曾国藩对于家庭所制定的一套行之有效的齐家思想是使曾家保持繁荣的重要方式。他的家训内容丰富，也很有名，但最主要的是修身处世和谨守家风这两类。例如其“修身处世类”说:“明修己治人之道，才叫读书。……戒懒惰，再戒傲惰。以‘廉、谦、劳’三字自惕。居安应思危。应从挫折处磨炼意志。”“谨守家风类”说:“‘孝友’二字可使家势经久不衰。严教子侄勤、敬、和。……力戒骄奢，……以勤俭自持，以忠恕教子。”总之，中国传统家训包含着丰富的“齐家”思想。历代大儒的家风、家训所代表的中华“家文化”，是以修身立德为根本，以仁爱、和谐为立身之本，以勤俭持家为良好家风，以亲民、廉洁为从政大德。这是儒家经典《大学》“三纲领”“八条目”的具体运用，是对其中“齐家”之道的传承，值得我们深入挖掘、发扬光大。今天我们继承、发扬传统家训中“齐家”思想的精华，并赋予其鲜活的时代内容，不但有利于良好家风的形成，而且有利于整个社会风气的好转、国家的发展和民族的昌盛。

二、用优秀传统“齐家”之道来涵养当代大学生价值观

在《大学》“修身、齐家、治国、平天下”的教育理念下，“齐家”与“治国”是相互关联的。“欲治其国者，先齐其家”，“家齐而后国治”，便成了中国传统教育的一个重要导向。传统的“齐家”之道涵盖了一系列家庭伦理、人生哲学，而无论是家庭伦理所倡导的孝悌与和顺等内容，还是人生哲学中所倡导的立志、修身、为人与处世等原则，都是与当时社会的主流伦理规范同出一旨。因此，古代齐家之道既有家庭型特征，又体现了为社会主流意识教化服务的宗旨，二者之间的联系是密不可分、互融互通的。

传统齐家之道凝聚着古代社会“修身、齐家、治国、平天下”的做人理念及其思想精髓，它对培育当代大学生的道德品质具有方向性的指引作用。

1. 以“修身之道”引导大学生养成健全人格

塑造健全人格与传统社会提倡的“修身养性”内涵一样。在《大学》主张的“修齐治平”思想中，“修身”被视为人生的首要任务。儒家思想强调，修身为立人之基，通过修身确立理想人格，达到“内圣外王”的境界，才能更好地实现“成人”“为人”的目标。简而言之，就是先“修好身”才能“做好人”，修身与做人是密切联系的，修身为立人之本。前文列举的历代家训作品中，就有很多把教育子弟修身做人摆在很重要的位置。2021 年 4 月 19 日，习近平同志在清华大学师生座谈会上谈到，大学生“要锤炼品德，自觉树立和践行社会主义核心价值观，自觉用中华优秀传统文化、革命文化、社会主义先进文化培根铸魂、启智润心，加强道德修养，明辨是非曲直，增强自我定力，矢志追求更有高度、更有境界、更有品位的人

生”。[①]因此，我们不能忽视传统文化对于大学生健全人格的培育作用，要积极借鉴传统家训中的“修身之道”，勉励当代大学生先于立德、敢于立志、勤于好学，加强个人修养，实现内在的自我完善、自我提升，促进大学生健全人格的养成，为塑造积极向上的价值观奠定基础。

2. 以“齐家之道”引导大学生践行家庭美德

传统家训中的“齐家之道”是治理国家、平治天下的前提，它是依据一系列的家庭伦理规范加以实施的，其中主要包括父子之间、兄弟之间、夫妇之间的伦理关系，并以血缘为纽带延伸出家族成员之间的伦理规范。古代家长希望通过“齐家之道”达到家风端正、睦亲为上的境地。也正因为如此，这一珍贵的家庭思想有很多值得今天借鉴学习的地方，特别是在家庭美德的传承方面，它对于当代大学生正确家庭观的培育具有重要的现实意义。随着市场经济的发展和家庭结构的变迁，多元价值取向冲击着周围的家庭，大学生家庭责任意识淡薄的问题受到广泛关注。当代“00后”大学生多为独生子女，往往因被过度宠爱而不懂得关爱和尊重父母，孝道缺失；对待离婚、婚外恋的认识扭曲；漠视家庭义务，不赡养家人，等等。此种状况很不利于大学生健康价值观的养成。如果一个大学生对亲人都没有尽到应有的责任，那么何谈能对他人“负责”；而一个连家庭关系都处理不好的大学生又如何能在社会生活中与他人更好地互助合作？因此，当代大学生更要承担起家庭责任，践行传统家庭美德。家庭美德概括起来就是尊老爱幼、夫妻和睦、勤俭持家、邻里团结等观念，这些美德与传统的“齐家之道”的优秀德育思想相契合。因此，“齐家之道”正是现代家庭美德构建的传统基石。所谓“一家仁，一国兴仁；一家让，一国兴让”，社会的安

---

① 新华网报道，2021年4月19日习近平在清华大学的考察。

定、民族的团结也有赖于千千万万户家庭美德的弘扬。因此，我们更应该认真研究和总结“齐家之道”的优秀思想内容，让它在培育青年大学生和谐健康的家庭观中，在促进大学生家庭美德建设中进一步发挥应有的文化价值。

3. 以“处世之道”引导大学生正确处理人际关系

在古代的伦理思想中，修身、齐家、处世三者之间是层层递进、密切联系的，正所谓“心正而后身修，身修而后家齐，家齐而后国治，国治而后天下平”。在强调“修身立德”“睦亲齐家”的同时，深受儒家德性文化的影响，提倡“处世务事，贵在有德”，强调“与人交往，以德待人”的主旨，重点关注人内在的道德修养与品质。对于大学生而言，学会与人相处是他们适应社会生存的一项基本能力。但是由于大学生涉世未深，思想尚未完全成熟，易受外界思潮的影响和干扰。加之“00后”大学生特殊的成长环境以及网络交往方式的冲击与影响，导致当今高校学子在人际交往中或多或少地存在问题，这从近几年高校发生的一些恶性事件中可以得到证明。因此，继承传统“齐家之道”中为人处世的精粹，并引导当代大学生将其内化于心、外化于行，树立正确积极的人际观，从而能更好地处理学习生活中的人际关系，是我们涵育当代大学生价值观的另一个重要目标。

中国社会是家国同构，家是国的扩大，国是家的缩小。至今我们还说“家是最小国，国是最大家”，祖国是家园，世界是大家庭。中国人对家庭充满深情厚爱，因此，从这个意义上说，中国传统文化中“齐家之道”可谓是最核心的部分。

思考与讨论题

1. 你如何理解“欲治国必先齐其家”这句话？

2.“其所令反其所好，而民不从。”这句话与孔子所说的“其身不正，虽令不从”意思相同。请查找相关资料，列举历史上可以与此句相印证的事例。

3. 君子应以尧舜为标杆进行自我激励，对你有何启发？

参考书目

1.《论语》[M]. 北京：中华书局，2016.

2.《周易》[M]. 北京：中华书局，2018.

3.［汉］许慎 . 说文解字 [M]. 北京：中华书局，2013.

第八章

所谓平天下在治其国者

内容提要

本章为《大学》之终章，其主旨是要阐明大学之道的最终归宿：治国平天下。欲要平天下，必先治其国。对于君子而言，治国首要在于理解“絜矩之道”，即以身作则并能推己及人的大原则。絜矩之义，在为政中体现为“与民同好恶而不专其利”的仁民思想，这是治国的根本。惟其如此，方可得民心而得国。因此，君子为政需“慎德”：首先，要懂得德本财末的“散财”道理并以善人、善心为宝，以得民心、顺天命，这可以归纳为君子慎德行善；其次，君子还要懂得明辨善恶，善用善人、远黜恶人的“用人”道理，真正成就仁德，践行忠信大道，这可以归纳为君子爱恶分明，坚守忠信；最后，君子应懂得以义为利之“生财”之道，知民生普惠方能国治久长、天下太平，此乃最根本之“利”，此可概括为君子以义为利。做到此三点，方为真正的君子“慎德”，亦即君子掌握了“絜矩之道”，实现了明德于天下的证成。

第一节　原文释义

【原文】

所谓平天下在治其国者：上老老[①]，而民兴孝；上长长[②]，而民兴弟；上恤[③]孤，而民不倍[④]。是以君子有絜矩之道[⑤]也。所恶于上，毋以使下；所恶于下，毋以事上；所恶于前，毋以先后；所恶于后，毋以从前；所恶于右，毋以交于左；所恶于左，毋以交于右，此之谓絜矩之道。《诗》云："乐只君子，民之父母。"[⑥]民之所好好之，民之所恶恶之，此之谓民之父母。《诗》云："节彼南山，维石岩岩。赫赫师尹，民具尔瞻。"[⑦]有国者不可以不慎。辟[⑧]则为天下僇[⑨]矣。

《诗》云："殷之未丧师，克配上帝。仪监于殷，峻命不易。"[⑩]道得众则得国，失众则失国。是故，君子先慎乎德。有德此有人，有人此有土，有土此有财，有财此有用。德者，本也；财者，末也。外本内末，争民施夺[⑪]。是故财聚则民散，财散则民聚。是故言悖[⑫]而出者，亦悖而入；货悖而入者，亦悖而出。《康诰》曰："惟命不于常。"[⑬]道善则得之，不善则失之矣。《楚书》曰："楚国无以为宝，惟善以为宝。"[⑭]舅犯曰："亡人无以为宝，仁亲以为宝。"[⑮]

《秦誓》[⑯]曰："若有一个臣，断断[⑰]兮，无他技，其心休休[⑱]焉，其如有容焉。人之有技，若己有之；人之彦圣[⑲]，其心好之，不啻[⑳]若自其口出，寔[㉑]能容之，以能保我子孙黎民，尚亦有利哉！人之有技，媢疾[㉒]以恶之；人之彦圣，而违之俾[㉓]不通。寔不能容，以不能保我子孙黎民，亦曰殆哉！”唯仁人放流之，迸诸四夷[24]，不与同中国[25]。此谓唯仁人为能爱人，能恶人。见贤而不能举，举而不能先，命[26]也。见不善而不能退，退而不能远，过也。好人之所恶，恶人之所好，是谓拂[27]人之性，菑必逮夫身[28]。是故，君子有大道，必忠信以得之，骄泰以失之。

生财有大道：生之者众，食之者寡；为之者疾，用之者舒，则财恒足矣。仁者以财发身，不仁者以身发财。未有上好仁，而下不好义者也；未有好义，其事不终者也；未有府库财，非其财者也。孟献子[29]曰：“畜马乘[30]，不察于鸡豚[31]；伐冰之家[32]，不畜牛羊；百乘之家[33]，不畜聚敛之臣，与其有聚敛之臣，宁有盗臣。”此谓国不以利为利，以义为利也。长[34]国家而务财用者，必自小人矣。彼为善之，小人之使为国家，菑害并至。虽有善者，亦无如之何[35]矣！此谓国不以利为利，以义为利也。

【注释】

① 老老：孝敬父母，前一个“老”字作动词。

② 长长：尊重兄长，前一个“长”字作动词。

③ 恤：体恤、周济。

④ 倍：同“背”，背弃。

⑤ 絜矩之道：絜，度量围长的绳子。矩，绘制方形物件的尺子。絜矩引申为标准、规范，喻指君子要做到以身作则、推己及人。

⑥ 引自《诗经·小雅·南山有台》：乐，快乐。只，语气词，无实际含义。

⑦ 引自《诗经·小雅·节南山》：节，高峻之貌。岩岩，积石之貌。赫赫，显盛之貌。师尹，太师尹氏。太师是周朝执政大臣之一，位高权重。具，同“俱”，都。尔：你。瞻：看。

⑧ 辟：同“僻”，邪僻。

⑨ 僇：同“戮”，诛杀。

⑩ 引自《诗经·大雅·文王》：师，民众。上帝，中国古代宗教中最高神——天神。仪，作“宜”，应当。监，同“鉴”，鉴戒。峻，大。

⑪ 争民施夺：争民，与民争利。施夺，实施劫夺之教。

⑫ 悖：违逆，不合情理。

⑬ 引自《尚书·康诰》：命，天命，指上天赋予君王的统治权。

⑭《楚书》：楚昭王时的史书。善，贤人。

⑮ 舅犯：晋文公重耳的舅舅狐偃，字子犯，曾随公子重耳流亡在外，重耳后来回国终成霸业。亡人，流亡的人，指公子重耳。

⑯《秦誓》:《尚书·周书》中的一篇。

⑰ 断断：真诚专一之貌。

⑱ 休休：平易宽容之貌。

⑲ 彦圣：善美明达。彦，俊美。圣，聪明。

⑳ 不啻(chì)：不只，不仅。

㉑ 寔(shí)：“实”的异体字，实在，确实；《秦誓》原文作“是”，下同。

㉒ 娼(mào)疾：嫉妒，疾同“嫉”。

㉓ 俾(bǐ)：使。

㉔ 迸诸四夷：迸，同“屏”，驱逐。四夷，古华夏以外四方少数民族，这里指边远地区。

㉕ 中国：相对于“四夷”而言，四夷之中，古华夏聚居地。

㉖ 命：郑玄认为作“慢”，怠慢。

㉗ 拂：违背。

㉘ 菑：同“灾”，灾难。逮，及，到。夫，助词。

㉙ 孟献子：鲁国大夫仲孙蔑。

㉚ 畜马乘：畜，饲养，这里指拥有；乘，四匹马拉一车为一乘。畜马乘是士刚升任大夫的待遇，这里指初任大夫的人。

㉛ 不察于鸡豚：不计较鸡和小猪的多少。豚，小猪，泛指猪。

㉜ 伐冰之家：丧祭时用冰保存遗体的人家，这里指卿大夫以上的贵族。伐冰是卿大夫以上的丧祭待遇。

㉝ 百乘之家：拥有兵车百乘的贵族，具体指有封地，可任用家臣的卿大夫。

㉞ 长：掌管、治理。

㉟ 无如之何：没任何办法。

【译文】

所谓要使天下太平在于先治理好国家，意思是说：如果上位者孝敬父母，那么百姓就会兴起孝顺之风；如果上位者尊重兄长，那么百姓就会兴起敬长之风；如果上位者济恤孤儿，那么百姓就不会背弃孤弱，因此，君子要懂得以身作则、推己及人之道。如果厌恶上位者待我的言行及态度，我就不要用这种言行及态度任使下属；如果厌恶下属对我的言行及态度，我就不要用这种言行及态度去侍奉上司；如果厌恶前面的人待我的言行及态度，我就不要以此对待后面的人；如果厌恶后面的人待我的言行及态度，我就不要以此对待在我前面的人；如果厌恶在我右面的人待我的言行及态度，我就不要以此对待在我左面的人；如果厌恶在我左面的人待我的言行及态度，我就不要以此对待在我右面的人：这就叫作絜矩之道。《诗经·小雅·南山有台》篇中说：“快乐的君子，是百姓的父母。”百姓喜爱的他就喜爱，百姓憎恶的他就憎恶，这样的国君才称得上是百姓的父母。《诗经·小雅·节南山》篇中说：“那座高峻的南山耸立，层层石块堆积。名声显赫的太师尹氏，百姓都在看着你啊！”拥有国家大权的人，不可不谨慎，邪僻失道就将被天下人所诛戮啊！

《诗经·大雅·文王》篇中说：“殷商没有失去民心的时候，君王还能够德配上帝；应该借鉴殷商的兴亡教训，知道获得天命实在不容易。”这说的是得到民众支持就能够得到国家，失去民众支持就会失掉国家。因此，君子首先要谨慎对待的是道德。有了德行就会有民众支持，有民众支持就有土地，有土地就会有财货，有财货这才会有用度。道德是根本，财货是枝末。如果轻视根本而重视末节，那么就会与民争利而天下亦横施掠夺之术了。所以，君王聚财敛货，百姓就会离去；财货散发出去，百姓就会聚集。所以，话违背情理地说出去，也会以违背情理的话来回报；财货以不合道义的方式聚敛，也会以不合道义的方式失去。《尚书·康诰》篇中说：“天命是不固定的。”这说的是：君王行善就能得到天命，君王行不善就会失掉天命。《楚书》上说：“楚国没有什么可以当作珍宝，只把善人当作珍宝。”重耳的舅父狐子犯说：“流亡在外的人，没有什么可以当作珍宝，只有把对父亲的关爱当作珍宝。”

《尚书·秦誓》中提到：“假如有一个臣子，真诚专一，虽然没有其他技能，但心胸宽广，大有容人之量。别人有技能，就好像他自己有一样；别人良善明达，他由衷地喜欢，不仅仅像他口中说出的那样，他确实能够容人，任用这样的人，能够保护我的子孙和黎民，也还是有利的啊！假如别人有技能，他就心生妒忌，厌恶人家；别人良善明达，他就压制排挤，使人家的功绩不能通达君上，那他确实是不能容人，任用他就不能保护我的子孙和黎民，也可说是危险的啊！”只有有仁德的人在位，才会把这种人流放，将他们驱逐到边远的蛮夷之地，不让他们同住在中原。这就叫作只有仁德的人才能真正爱护好人，才能真正憎恶坏人。发现了贤人而不能举荐，或者举荐了而不能重用，这是怠慢。发现了不善之人而不能黜退他，黜退了而不能把他驱逐到远方，那就是过错了。喜欢众人所厌恶的，厌恶众人所喜欢的，如此违背人的本性，灾难必将降临到他身上。因此，君子治理国家有一个大原则：忠诚信实就会得到它，娇恣放肆就会失去它。

创造财富有一个大原则：生产财物的人多，消费的人少，创造财物的人生产勤快，使用财物的人消费舒缓，这样财富自然就能长久充足。有仁德的人用财富来发扬自身理想，不仁的人则用自身条件拼命聚敛财富。没有上面的君长爱好仁德而下面的臣民不爱好忠义的，没有臣民爱好忠义，而国事半途而废的，也没有臣民爱好忠义而府库的财货竟不属于国家所有的。鲁国大夫孟献子说："拥有马匹车辆的士大夫家，就不该去计较喂鸡喂猪的小利；丧礼能够用冰的卿大夫之家，就不该饲养牛羊去牟利；拥有百辆兵车的有领地的卿大夫之家，就不该任用聚敛民财的家臣；与其有这种聚敛民财的，还不如有偷盗自家财物的。"这就是说，治国理政的人不能以私利为利，而应该以道义为利。掌管国家的人致力于聚敛财富，必定是受到小人蛊惑。使小人来治理国家，那么天灾人祸就会一起到来，到那时，即使有贤能之人来接管，也没办法挽救了。这就是治理国家的人不能以自己的私利为利益，而应该以仁义为利益的道理。

第二节　授课讲义

第八章是《大学》的终章，主题是"治国平天下"，它深入解释了《大学》第二章所提到的"古之欲明明德于天下者，先治其国"的理念，同时也是对《大学》首章"大学之道，在明明德，在亲民，在止于至善"中提出的"三纲领"的现实阐发与具体呼应。如前文所述，我们将第八章的内容共分为四个大段落，这四个段落分别对应以下第二、三、四、五部分的解读内容。此外，第一部分是对本章的总括解读，而第六部分则是对本章内容的归纳与小结。

一、总论：君子治国平天下

大学之道，其实讲述的就是儒家的君子之学。那么，君子之学的最终归宿在哪里呢？它体现在“三纲领”中的“止于至善”上，那么这个‘至善’具体指的是什么呢？在儒家的现实语境中，“至善”就是实现“治国平天下”。因此，对一个君子来说，“至善”的境界就是达成“国治天下平”。《论语·宪问篇》中记载了孔子与弟子子路的一段对话：“子路问君子。子曰：‘修己以敬。’曰：‘如斯而已乎？’曰：‘修己以安人。’曰：‘如斯而已乎？’曰：‘修己以安百姓。修己以安百姓，尧、舜其犹病诸？’”子路问怎样才能成为一个君子。孔子道：“用严肃认真的态度修养自己（可以成为君子）。”子路道：“这样就够了吗？”孔子道：“修养自己以安人。”这里的人，并非泛指普通大众或庶民百姓，而是特指统治阶层中的上位者。子路又问道：“这样就够了吗？”孔子道：“修养自身以安定老百姓，即使是尧、舜这样的圣人也未必能完全做到啊！”从这段话中，我们可以看出，君子修己有三个层次：初等层次是认真地修身养性，君子之学即从认真修身、做好自己为始；中等层次是依据自己的修为能影响、教化周围的人，使自己的修养能力足以辅佐上位者；最高层次则是拥有足够的德行来匹配自己的地位，完成安定百姓的功德，能够广泛地施惠于民众并救济大众，这说的就是实现国家治理和社会太平。达到这一最高层次，是何等的功业和仁德！然而，这样的最高功业和仁德并非人人都能做到并做好的，它需要有地位的人才能实现。至于能否做得好，就看他们能否掌握治国平天下的道理，以德行来匹配自己的地位了。那么，什么样的人可以是有地位的人呢？那就是君王们、未来可能成为君王的君王之子们以及所有的为政者。他们是贵族、是统治者体系中的人、是有能力担负起治国平天下大任的人。《大学》的第八章讲述的就是这样的君子如何治国平天下，以及达成最高功业和仁德的途径，这也就是大学之道的最终归宿。

那么，没有位的人就没必要学“治国平天下”之道了吗？儒家的回答自然是否定的。无论你是否有位，只要你一心向学，致力于探究这治国平天下之道，你就是在追求至善之路上坚持不懈地精进。这种精进促使一个普通人不断积极地认识社会规律，修炼完善自我。这样的人当然就能够达到曾子所言的境界：“可以托六尺之孤，可以寄百里之命，临大节而不可夺也，君子人与？君子人也！”（《论语・泰伯篇》）可以把幼小的孤儿托付给他，可以把国家的安危托付给他，到了生死关头仍毫不动摇，这才是真正的君子！治国平天下之道为追求自我实现、成为“君子”提供了大目标、大关怀、大境界和大格局。通过践行这一道，人们可以获得“君子”之德。孔子不就是这样的典范人物吗？“子曰：‘若圣与仁，则吾岂敢？抑为之不厌，诲人不倦，则可谓云尔已矣。’”（《论语・述而篇》）有位有德的人，也即上文所讲的最高层次的君子，儒家称之为“圣人”。孔子心目中的圣人，是德位一体的典范，既在道德修养上尽善尽美，又具有人间最高的统治权力，实现了内圣外王的理想。孔子带着弟子周游列国，希冀在各国谋求职位以实现其治国平天下的理想，但很遗憾都没有成功。因此，孔子说：“我怎么敢以圣人和仁人自居呢？我不过是以成圣成仁为目标，一生努力从未懈怠，教导弟子们努力成圣成仁而从不感到厌烦。这大概是可以说的罢了。”然而，我们谁也无法否认孔子的伟大和他的价值。他创立了儒家学派，并标识出该学派的君子理想人格与气象。这种人格与气象，如果脱离治国平天下的现实关怀，则是无法理解和显得空洞的。

《大学》之所以后来能够成为儒学的入门首读必读之书，就在于它对儒学进行了简明扼要的概括，尤其是第八章，以最多的笔墨彰显了儒学的核心内容：治国平天下。诚如李申先生所言："从孔子开始，儒者就认为，在所有的行为之中，治理国家是人类社会中最重要的行为。采取何种方式治理国家，就是儒者之道的核心内容。或者说，儒者之道，就是治国平天下之道。在儒家典籍中，治国平天下之道采取了各种不同的表述方式。如"先王之道""尧舜之道""周孔之道""孔孟之道""仁义之道""王道""德政""仁政"等。这些不同的表述，都指向一个核心内容，即如何'治国平天下'。"[①]

二、分论一：君子同民好恶

【原文】

所谓平天下在治其国者：上老老，而民兴孝；上长长，而民兴弟；上恤孤，而民不倍。是以君子有絜矩之道也。所恶于上，毋以使下；所恶于下，毋以事上；所恶于前，毋以先后；所恶于后，毋以从前；所恶于右，毋以交于左；所恶于左，毋以交于右：此之谓絜矩之道。《诗》云："乐只君子，民之父母。"民之所好好之，民之所恶恶之，此之谓民之父母。《诗》云："节彼南山，维石岩岩。赫赫师尹，民具尔瞻。"有国者不可以不慎。辟则为天下僇矣。

【解读】

这是第八章的第一段落，一共四句话。段落的核心思想可以归纳为：

---

① 李申：《简明儒学史》，中国人民大学出版社，2006，第 4 页。

若要治国平天下，君子就应该与民同好恶。那么，为什么君子要与民同好恶呢？难道他不可以有自己的好恶吗？当然可以。但是，倘若君子以治国平天下为至善理想，那么他的好恶就应该与老百姓的好恶相一致。这源自治国平天下的一个首要大法则，即君子有“絜矩之道”。如果不领悟絜矩之道，就无法做到与民同好恶，自然也就无法治理好国家，更别提平天下了。因此，这一段主要讲述了对君子治国平天下的第一个大要求：与民同好恶，并阐述了这个大要求背后的一个重要的大道理：絜矩之道。

所谓平天下在治其国者：上老老，而民兴孝；上长长，而民兴弟；上恤孤，而民不倍。是以君子有絜矩之道也。

此句是第八章首句，本段落的首句，意在引出本章主题：欲平天下先治国，具有章节间承前启后的意涵。那么，怎样才能治国呢？这里讲了三点：执政者你要“老老”来使民兴孝，“长长”来使民兴悌，“恤孤”来使民不背弃。对应的伦理规范是“孝”“悌”“慈”三条，这不正好都是“齐家”里的伦理要求嘛。后半句则又以“是以”这个词，也就是“因此”的意思，来引出后文将要重点展开的治国大原则：“絜矩之道”的内容。由此，这一整句话所呈现的逻辑关系就有前后紧密相连的两点：第一点是前半句前承第七章所讲的治国先齐家：君子以身作则，做到齐家的“孝、悌、慈”的伦理要求，就可以接下去通过垂范、感发民众，在社会上也兴起孝悌之风，济恤之俗来治国。所以，孔子回答季康子问政时曾说：“政者，正也。子帅以正，孰敢不正？”（《论语·颜渊篇》）意思是说，为政的前提是正己，正己才能正人。在这里孔子讲的是上行下效的道理，强调以身作则、上行下效的示范作用，这是儒家治平之道的重要观念。那么，从哪里开始正呢？自然是从齐家之德开始。这在孔子也有他的说法，“或谓孔子曰：

‘子奚不为政？’子曰：‘书云：‘孝乎惟孝，友于兄弟，施于有政。’是亦为政，奚其为为政？”（《论语·为政篇》）有人问孔子：“你为什么不参与政治？”孔子答：“《尚书》上说，‘孝呀，只有孝顺父母，友爱兄弟，把这种风气影响到政治上去。’这也就是参与政治了，为什么一定要做官才算参与政治呢？”这里孔子引的《尚书》中的话，表达的基本意思就是：把齐家的伦理规范中所蕴含的精神实践并影响到国家治理中，就是一种参与政治。所以，朱熹在《章句》中对“上老老而民兴孝、上长长而民兴弟、上恤孤而民不倍”评说：“言此三者，上行下效，捷于影响，所谓家齐而国治也。”意思是，如果执政者能把齐家的“孝、悌、慈”的伦理规范很好地影响到人民中去，使得孝悌之风、济恤之俗兴盛，那就是齐家而国治了。

这里需要强调两个细节问题：“齐家”与“治国”是先后关系还是等于关系？“齐家”与“国治”又是先后关系还是等于关系呢？问题不难回答，但容易疏忽，一旦疏忽，就很难读懂后面“是以”一词所呈现出来的逻辑关系。对于第一个问题，我们讲，“齐家”和“治国”既是先后关系，其实也是等于关系。为什么呢？我们前一章已经讲过，“其家不可教而能教人者，无之”的道理，教有治的意思，一个家族治理不好，国是没法治的，所以“齐家”与“治国”在对君子的能力要求上体现的是先后关系，“齐家”易治“国难”，家齐方能治国，所以君子先齐家。但是，前一章所讲的“故君子不出家而成教于国”又很清楚地告诉我们，“齐家”就是“治国”的一部分。在上文的分析中我们也可以了解到，君子身正为范地去躬行孝道、悌道和慈道于家，就是“有政”。一是因为以家国同构为特征的古代中国的国家组织方式提供了“齐家”与“治国”相等于关系的结构基础，二是因为“孝、悌、慈”所调节上下辈间、平辈间的利益关系几乎涵盖了古代中国人伦关系的全部，它们提供了“齐家”与“治国”相等于关系的功能基础。

另外，儒家相信“君子之德风，小人之德草。草上之风，必偃。”（《论语·颜渊篇》）儒家把执政者也理解为当然的领导者，领导者的德行品质好比风，老百姓的好比草。风向哪边吹，草向哪边倒。这个道理提供了“齐家”与“治国”相互等于关系的操作基础。所以，“齐家”与“治国”在对君子的德行要求上体现的是等于关系，“齐家”就是在“治国”。那么，第二个问题，“齐家”与“国治”的关系是等于的关系还是先后的关系呢？应该是先后关系，而不是等于关系。对君子来讲，“治国”必先“齐家”，“齐家”就是在“治国”，这在第一个问题中我们已经讨论清楚了。但是，齐家并不等于国治。所以，“老老”“长长”“恤孤”是“齐家”的伦理实践，甚至可以说是治国理政的一部分，但它们并不等同于国治。国治还需要执政者有所作为，努力让“孝、悌、慈”能够有效地影响至人民，实现上行下效。那么，这种有效的影响和业已实现的上行下效才是“国治”。“国治”是自然而然发生的吗？恐怕不是。除了君子以身作则之外，还需要有一个更为重要的条件，那就是要求君子领会、掌握并实践一种“絜矩之道”。

至此，第二点以“是以”一词，逻辑地被提出来了：所以“君子有絜矩之道”。这就提出了儒家治平之道中一个很重要的具有法则意义的概念——“絜矩之道”，为后文要展开的“平天下先治其国”的新内容作了铺垫。那么，什么是“絜矩之道”？字面意思上，郑玄的注释说：“絜，犹结也，挈也；矩，法也。君子有挈法之道，谓当执而行之，动作不失之。”朱熹的注释说：“絜，度也。矩，所以为方也。”“絜矩”在这里是一种比喻引申的用法，意思是规矩、规范的意思，指的是以治国平天下为己任的君子必须要领会、把握的一种法则。有此法则，君子才能够成功实现“孝、悌、慈”的上行下效与捷于影响的效果，行动不会有所偏失，从而真正使“国治”从可能变成现实，既而平天下。在这一句里，只是提出了有这么个法则，并没有具体展开说明，具体的说明在紧接着的下一句。

所恶于上，毋以使下；所恶于下，毋以事上；所恶于前，毋以先后；所恶于后，毋以从前；所恶于右，毋以交于左；所恶于左，毋以交于右：此之谓絜矩之道。

这是这一段的第二句，展开说明絜矩之道到底是一种什么道。“道者，路也。”我们所说的“道”，古人最基本的理解就是“路”，有先王之路、君子之路、小人之路，还有仁义之路、王霸之路等。根据李申先生的观点，“各家对道的具体内容都有自己不同的界说，但就道是路，但不是具体的路，而是抽象的路，是无形无象但确实存在着的、指导人行为的路这一点上，则大体一致。”①，这个观点很有道理。道即路，就是规导人们现实行动的路。倘若你走了君子之路，你就成为君子；倘若你乐意走小人之路，你就成为小人。所以，从这个最基本的意思出发，道不是客观规律，而是人们认为正确的，用来坚守、弘扬的指导人们行动的法则。“絜矩之道”就是君子治国平天下时，儒家认为所必须掌握的正确法则，这个法则是君子用来规范自己、度量他人的，是儒家的治平之道、君子之道。

是不是觉得这条法则会很深奥和厉害呢？其实不然，它的表述非常平易：你不愿意上面的人如何对待你，那么你就不要用这种方式对待你下面的人；反之亦然，对待前后左右人，人伦全体关系都应遵循这一原则。这就是君子的“絜矩之道”。

原来，“絜矩之道”讲的核心意思就是处理人际利害关系的“将心比心”。君子你要领会、掌握并始终实践这一道理啊！儒家认为，“将心比心”是古代中国治国平天下的大法则。如此平易简约的道理，其重要性却非同小可！郑玄的注释道：“絜矩之道，善持其所有，以恕于人耳，治国

① 李申：《简明儒学史》，中国人民大学出版社，2006，第 2 页。

之要尽于此。”在《章句》中，朱熹对絜矩之道的注解是：“是以君子必当因其所同，推以度物，使彼我之间各得分愿，则上下四旁均齐方正，而天下平矣。”从两位大家的注解中可以看出，他们的意思是一致的。“絜矩之道”其实就是儒家所倡导的“恕道”。《论语·卫灵公篇》里记载：“子贡问曰：‘有一言而可以终身行之者乎？’子曰：‘其恕乎！己所不欲，勿施于人。’”。这是孔子强调“己所不欲，勿施于人”的恕道的重要性。朱熹曾说：“所操者约，而所及者广，此平天下之要道也。”朱熹认为，这是一条能使天下太平、世界和谐的最为基本的伦理规则，具有最大的普遍性。

现在我们要探讨的是：以将心比心为核心要义，以“己所不欲，勿施于人”的恕道为基本内容的“絜矩之道”，何以成为“齐家”与“国治”之间获得必然联系的重要条件呢？也即，倘若执政者未能领会、掌握并实践絜矩之道，即便他们能够以身作则、治理好家庭，为何也无法实现国家的有效治理？其中的道理究竟何在？

朱熹在《朱子语类》中对“絜矩”之义有过专门的阐述。据景定四年（1263 年）黎靖德编订的《朱子语类》记载，朱熹在卷十六中解释了“絜矩”的含义，这一解释恰好回应了我们的问题。他说道：：“上之人老老、长长、恤孤，则下之人兴孝、兴弟、不倍，此是说上行下效。到絜矩处，是就政事上言。若但兴起其善心，而不有以使之得遂其心，则虽能兴起，终亦徒然。如政烦赋重，不得以养其父母，又安得以遂其善心！须是推己之心以及于彼，使之‘仰足以事父母，俯足以育妻子’，方得。”即使执政者以身作则，“老老、长长与恤孤”，纵使也通过垂范兴起了老百姓的孝、悌、慈之善心，可是却政烦赋重，无法让老百姓在日常生活中自给自足，无法奉养父母与妻儿，那么老百姓的这份善心也无法转化为善行。这并不能算是国治。因此，这段话清楚地解释了“絜矩”的含义：执政者的以身作则是不够的，还需要设身处地地想象如果自己是普通民众，是否希望政务繁杂、赋税沉重？显然不希望。是否希望无法赡养父母、抚育妻儿？显然也不希望。如果执政者能将心比心，推己及人，做到“己所不欲，勿施于人”，并领会到这一点，那么就领悟了儒家的“恕道”真谛。可以认为是“君子有絜矩之道”，这样的君子能够将自己的心意推及他人，理解民众的好恶，并从民众的好恶出发去治理国家，那么国家就一定能治理好。所以，“絜矩之道”就是君子治理天下、实现天下太平治平天下的真正法则。在儒家看来，“絜矩之道”是治国理政必须遵循的重要法则，其中蕴含着深刻的仁爱百姓的思想。中国古代“社仓”的设立就体现了“絜矩”之义。“社仓”是南宋时期一批儒家学者发明、创建并推广的储粮备荒机构，并非特指某个粮仓，而是一种储粮制度。它通过让民众自愿从社仓借贷米粮并以低息偿还的方式，解决一方民众因时运不济或灾荒导致的温饱问题。社仓的米源最初来自官方援助，待原米归还官方后，社仓便自行运作，解决民众在灾荒之年的粮食问题。许多地方上信奉儒家仁政的士人，包括一些富裕之人，都以“絜矩之道”为准则，自愿出资出米设立粮仓，为乡里造福。这是当时以朱熹为代表的一批儒家学者的创举，通过解决民众的日常需求问题，来实现一方的安定与繁荣。

朱熹的学生黄榦，作为一名儒者，他在给南宋时期袁州萍乡县西社仓絜矩堂写记文时，进一步阐释了社仓所蕴含的絜矩之义：“榦闻之师曰：絜，度也；矩，所以为方也。处己接物，度之而无有余不足，方之谓也。富者田连阡陌而余粱肉，贫者无置锥而厌糟糠，非方也。社仓之制，辍此之有余，济彼之不足，絜矩之方也。君子之道，必度而使方者，乾父坤母，而人物处乎其中，均禀天地之理以为生，民特吾兄弟，物特吾党与，则其林然而生者，未尝不方也。恻隐之心人皆有之，赤子入井，一牛觳觫，於己何與而怵惕生焉。一原之所同出，自不能已耳。则方者又人心之同，然也，饥而食、寒而衣，仰事而俯育，人之同情也。”[①]社仓设堂，特起名絜矩，于是有了这篇记文，其意在于专门要表达地方民间创办社仓所蕴含的絜矩之义。这里包含两层含义：第一，絜矩是君子处理自己与他人关系的准则，是衡量天下治理是否公平、公正、合情合理的法度。如果老百姓没有贫富悬殊，日常生活和谐自足，那么就符合“方”的原则，即合乎法度和规矩。相反，如果富人拥有广阔的田地和享用不尽的美食，而穷人却连立足之地和饱饭都没有，那就是不符合“方”的原则，也就是不合乎法度和规矩。社仓正是君子基于儒家民胞物与的观念，解决资源分配不均问题的具体实践，这体现了絜矩之义在政事中的实际应用。第二，絜矩体现了君子从善端出发，将心比心，感怀“己所不欲，勿施于人”的儒家恕道。通过这种恕道，君子能够体会到百姓饥饿时想要食物、寒冷时想要衣物的愿望，以及他们希望日常生活能够足以赡养父母、抚育子女的愿望。

由此，我们可以清楚地认识到，絜矩之道是儒家政治伦理的核心思想。君子持絜矩之道，才能行絜矩之方，也才能成就治平之功。接下来，这一段落引用了《诗经》中的两句话，以具体说明絜矩这一大道理在君子的政治实践中是如何体现的，即它转化为怎样的伦理规范。换句话说，我们将进一步阐述：领悟了絜矩之道的君子，在治理国家、平定天下的过程中，最基本的要求是什么，以及如何做才算是真正掌握了絜矩之道。那就是要与民同好恶！

《诗》云：“乐只君子，民之父母。”民之所好好之，民之所恶恶之，此之谓民之父母。

① 黄榦：《勉斋集》卷十九《袁州萍乡县西社仓絜矩堂记》。

这段文字所引的诗句出自《诗经·小雅·南山有台》。这首诗是在宴席上用来赞颂执政者像民之父母一样爱民的，意思是“快乐的君子，是百姓的父母”。一个好的执政者，就如同民众的父母，这是为什么呢?因为他能做到“民之所好好之”，即老百姓所喜欢的，他也喜欢；“民之所恶恶之”，即老百姓所厌恶的，他也厌恶。他能够做到心系百姓，与老百姓的好恶保持一致，不会与民众背道而驰。如果老百姓希望能够有足够的生活资料来赡养父母和抚育妻儿，但执政者却导致政务繁杂、赋税沉重，甚至战事连年，这就是不与民众同好恶，就不能算是民众的父母，也就没有真正领会和掌握絜矩之道作为儒家恕道的真谛。

朱熹在《章句》中说:“言能絜矩而以民心为己心，则是爱民如子，而民爱之如父母矣。”孔子曾说:“因民之所利而利之。”(《论语·尧曰篇》)这就是执政者不应专注于自身的利益而应该是以人民的利益为重。老百姓喜欢的，执政者应该也喜欢，并为其兴利；老百姓厌恶的，执政者也应厌恶，并为其除害。这样，老百姓就会把你当作父母一样拥戴。执政者的立场和价值判断应与老百姓保持一致，这就是我们今天所倡导的“执政为民”和“人民至上”的理念。这些理念，我们发现在战国时期的《大学》文本中就已经有所体现了。

由此可见，儒家重视絜矩之道，其核心在于仁爱百姓，具有非常强烈的现实关怀。在治国平天下的道理中，儒家特别强调执政者的“爱民如子”和“为民作主”的理念，并认为只有这样才配得上对执政者“民之父母”的赞誉。由于受到孔孟儒家的影响，后世也就有了“父母官”这一对地方官员的尊称。虽然今天的我们可能会认为将执政者视为父母与民主理念格格不入，但回溯到《大学》中，我们会更深入地理解儒家对官员的严格要求。与民同好恶，就意味着要摒弃个人的立场和好恶。那么，如果不这样做会有什么后果呢?我们接着看下一句。

《诗》云："节彼南山，维石岩岩。赫赫师尹，民具尔瞻。"有国者不可以不慎。辟则为天下僇矣。

这句话所引的诗句出自《诗经·小雅·节南山》。为了更全面地理解前半句的褒贬含义，我们在此补充原诗文的后半句："忧心如惔，不敢戏谈。国既卒斩，何用不监！"整首诗的意思是那座高峻的南山巍然耸立，层层岩石堆砌而成。声名显赫的太师尹氏，百姓都在看着你啊！你忧国之心如火焰般炽热，在国家大事上可不敢儿戏。国家命脉眼看已全然斩断，为何你平时竟不仔细监察！这里讲的是，身居高位者，尤其是执政者，必须谨慎行事，因为民众都在关注和仰望着你。如果执政者存有偏私之心，将会招致杀身之祸和国家灾难。

朱熹在《章句》中对这句诗的解释是："言在上者人所瞻仰，不可不谨。若不能絜矩而好恶殉于一己之偏，则身弑国亡，为天下之大戮矣。"这是一个非常严重的警告，体现了儒家对执政者的严格要求！这句话的意思是，如果执政者你胆敢不行絜矩之道，不能根据老百姓好恶而好恶，而总是出于私利独断专行，那么就会有大灾难。这段引用的诗文从反面以警告的方式强调了君子必须与民保持一致的好恶观念这是君子治理天下最重要、最需要落实的一条原则。

可以说，本章的首段引出了治国平天下主题中最为核心的普遍法则：君子当领会、掌握儒家"己所不欲，勿施于人"的"恕道"，即絜矩之道；同时，这一法则在君子治平实践中最典型的体现就是与民同好恶。道是无形的、抽象的行为指南，秉持絜矩之道的君子应尊奉其精神作为行动准则，并将其落实为具体的政治伦理规范。这里，我们要进一步深入探讨一个问题：与民同好恶，这究竟是一种德行还是一种智慧？恐怕两者兼而有之。按照古代中国对"道"和"德"的理解，与民同好恶这一现实政治伦理规范就是对絜矩之道的深刻领悟。当君子能够自觉地与民同好恶时，就说明他已经“得”了道，即具备了德行，我们称这样的执政者为善人，体现了他的道德之善。因此，“与民同好恶”是君子道德之善的体现。拥有善心并不难，难的是将善心转化为善行，并持之以恒。这里的善行，就是《大学》首章所讲的“明明德”，即通过具体实践和治理能力，克服各种困难，将美好的“得”彰显于天下，实现儒家仁政所倡导的广泛施惠于民、救助众人。这无疑需要智慧，甚至是大智慧！我们通常称这样具有大智慧的君子为仁人，甚至圣人。

因此，对于统治者来说，恪守“与民同好恶”的原则并不容易。这既是一种道德要求，更是一种需要实践培养的道德能力。本章接下来的三个段落分别从不同角度阐述了与此相关的内容：首先，探讨了君子在德行方面的谨慎态度。如果君子不能在这一关上过关，那么实现“与民同好恶”就无从谈起，这好比一只脚还未跨入大门，又怎能奢望登堂入室呢？这是第八章的第二段内容。其次，阐述了君子应具备的爱憎分明和忠诚信义的品质。君子需要从德位相符的角度出发，行使真正的爱与憎，顺应事物规律，通过自我修养和治理他人来造福百姓。这是第八章的第三段内容。最后，讲述了君子以道义为利益的原则。谨慎修德、明辨善恶并不具有最终的目的意义。真正的目的对于君子而言，是让自己具备不同于小人的雄心壮志、思想境界和格局，努力广泛地施惠于民众并救助他们，从而实现国家的安定与繁荣。这才是天下最大的利益，是真正的王者之道。这是第八章的第四段内容。

三、分论二：君子慎德行善

【原文】

《诗》云：“殷之未丧师，克配上帝。仪监于殷，峻命不易。”道得众则得国，失众则失国。是故，君子先慎乎德。有德此有人，有人此有土，有土此有财，有财此有用。德者，本也；财者，末也。外本内末，争民施夺。是故财聚则民散，财散则民聚。是故言悖而出者，亦悖而入；货悖而入者，亦悖而出。《康诰》曰："惟命不于常。"道善则得之，不善则失之矣。《楚书》曰："楚国无以为宝，惟善以为宝。"舅犯曰："亡人无以为宝，仁亲以为宝。"

【解读】

这是第八章的第二段落，其核心思想可以概括为：君子慎德行善，才能得民心，反之则会遭到悖逆。因此，君子要慎德：这体现在要懂得德财之间何为本何为末的道理。其次，君子要能行善，这既体现在君子视善人为珍宝，也体现在君子自身能够身体力行，实践善心。

《诗》云："殷之未丧师，克配上帝。仪监于殷，峻命不易。"道得众则得国，失众则失国。是故，君子先慎乎德。

这句诗引自《诗经·大雅·文王》，朱熹及后世学者多认为此诗的作者是周公旦。《文王》这首诗主要是歌颂周文王姬昌受命于天、建立周朝的伟业，并向周成王及后世君主传授商朝灭亡、周朝兴起以及以德配天的道理。周文王被孔子赞誉为"三代之英"，深受儒家推崇。这句诗的大致意思是，在商朝统治者尚未失去民众支持的时候，他们还能享有上帝的庇佑；执政者应当吸取商朝兴衰的历史教训，要维系大命，即天命，那是相当不易的。这句诗强调了执政者只有得到民众的拥护才能赢得天下，失去民众的支持，则必然会丢掉天下。而要赢得民众的拥护，君子首先必须重视自身的道德修养。

朱熹在《章句》中注解道："有天下者，能存此心而不失，则所以絜矩而与民同欲者，自不能已矣。"因此，诗句引用是承前一段落的絜矩之义、与民同好恶而来的，旨在强调获得民众拥戴的重要性。要做到这一点，就必须与民同好恶，即解决民众之所欲，而非仅满足一己私欲。诚如孟子所言："得天下有道：得其民，斯得天下矣；得其民有道：得其心，斯得民矣。"（《孟子·离娄上》）得民就是赢得老百姓的支持，得天下则意味着统治天下，使天下归心，这归功于君子的仁政。而得民的关键在于赢得民心，那么民心究竟是什么呢？它指的就是民众的愿望，他们希望天下太平，有田可种，有饭可吃，能够赡养父母、抚育妻儿。《诗经》中的这句引用是一个深刻的警醒。在儒家思想中，"欲"并非单纯的负面概念。对于君子而言，甚至与民众有共同的欲望竟被视为一种德行，可以凭此承受天命。这是什么道理呢？这是因为儒家强调与民众心心相印、同甘共苦的重要性，君子通过与民同欲来体现其仁爱之心和为民服务的宗旨。

我们知道"德"字早在殷商时期就已经有了，甲骨文里就有"德"字。然而，那时的"德"字，并未成为一个重要的道德意义上的范畴，它的含义与我们今天所说的道德有所不同。在殷商时期，"德"通常被理解为神的旨意。从字形上来看，"德"字由"行"和"目"组成，象征着在路口或路上看到的事物。字的上方有一条直线，好似眼睛在仰望上帝，其最原始的含义即是"得"，意味着依照上帝的旨意而获得的东西。值得注意的是，殷商时期甲骨文中的"德"字并没有包含"心"的部分，而带有"心"的"德"字要到西周时期才出现，最早的是在西周成王时期的青铜器何尊上的铭文："恭德裕天"。这个带有"心"的"德"字，才是我们在道德意义上所讲的"德"。另外，从使用范畴的角度来看，殷商时期还没有将"德"凝练成一个明确的思想观念："《诗经》中的《商颂》五篇，竟然没有出现一个德字。这五篇一般认为是作为殷遗民的宋人所作，在西周德的观念很流行的情况之下，德字在这些作品中的缺失或许不是偶然的，如果和殷人的观念有关，那就可以反证德的观念和周人之间的紧密联系。”①

慎德，即重视道德，尤其是君德、政德，在政治伦理中将道德与天命国运相联系，这种观念正是从周人开始兴起的。周人对“德”的日益重视，恰恰源于对殷周革命的深刻反思。当周文王战胜殷商王朝的属国黎国后，商朝的贤臣祖伊深感忧虑，他跑去对商纣王说：“天子啊，上帝恐怕要断绝我们殷商的国运了。这并不是因为先王不庇佑我们，而是因为你太过放纵游乐，沉溺于酒色，自绝于先王之道。”商纣王的回答颇有意思：“哎呀，我不是有从上帝那儿接受的天命嘛！”这段对话被记载在《尚书·西伯戡黎》中。从这里可以看出，至少在商朝末代君主的时代，君主的身份被认为是上帝授权的，是天赐的，不会失去。然而，在“殷周革命”中，周人改写了这一上天的旨意！他们开始强调道德的重要性，并将道德与天命国运紧密相连，这一观念对后世产生了深远的影响。

我们知道，在武王伐纣的著名一战——牧野之战中，小邦周速胜大邦殷，令人震惊的是，殷兵竟然临阵倒戈，调转头来与周人共同攻击自己的国家。这对于周人来说，必须要有一个充分的解释。最初的认识很显然，是因为纣王暴虐无道，失去了民心，所以周人是“恭行天罚”，替天行道。那么，商纣为何会受到自己士兵的倒戈呢？《尚书·周书·泰誓》里记载道：“今商王受，力行无度，播弃犁老，昵比罪人。”我们去翻阅《泰誓》一共三篇，是武王的誓词，其中都会历数纣王自绝于天、结怨于民的事迹。商朝被周朝所灭，最大的问题就是人心大失。为什么不得人心呢？因为纣王不把人当人，不“人其人”，即不仁。其中一个典型的例子就是人殉和人牲制度，也就是用活人进行献祭，将人作为牺牲品。殷商祭祀极其频繁，

① 王博：《中国儒学史·先秦卷》，北京大学出版社，2011，第12页。

送上祭坛的不仅有奴隶和平民，更有贵族。牧野之战的那些部队人马正是不被当人的人凑合起来的，纵使人数再多也万心难齐，于是当然就有了前徒倒戈一幕。[①] 试问一个不当人为人的王，连民欲之最基本的生都不能保的，谈何民心，倒戈是必然的。这是周公旦代表的周初统治者深刻反省到的，那么周人的获胜和授受天命就要在于人其人，即仁。西周时期“人牲基本废除，人殉则清代还有。但是周以后，人牲也好，人殉也罢，都不再具有殷商时代的正当性”[②]。的确如此，我们知道孔子非常推崇“吾从周”的周朝文化和制度，他也是最反对人殉的。他认为不仅活人不能用来殉葬，连假人也不可以。所以他曾说“始作俑者，其无后乎”，这是对人殉制度的严厉批判。当马厩失火时，孔子只问人是否安全而不问马的情况，这种以仁为核心的人道观念就是从周朝开始的。此后，这种观念逐步被充实到“德”的范畴中。

随着反省的深入和现实统治的需要，道德意义上的“德”这一思想观念逐渐走向成熟。君德的内涵也逐渐与天命紧密相连，并具体体现为“仁民”的理念。人们开始意识到，天命并非固定不变，而是可以根据君王的德行而改变。那么，天命依据什么而改变呢？“皇天无亲，惟德是辅”，依君王之德。因为周的君王有德，所以对商王来说“皇天上帝，改厥元子”了。这个“德”字是有心之德，道德的德。在《尚书·周书》的《康诰》中，强调了文王以明德而得天命，而在《召诰》里，则进一步突出敬德而保天命的思想深化，明确指出“惟不敬厥德，乃早坠厥命”，并提出“王其疾敬德”的观点。由此，道德意义上的“德”与“民”建立了前所未有的紧密关系，形成了重要的政治伦理思想：敬德保民。值得一提的是，这一

① 易中天：《中华文明史·奠基者》，浙江文艺出版社，2010，第45页。

② 同上。

思想正是西周周公旦的执政理念。在这里，“敬德”的“德”主要指政德，它将保民思想纳入对德的崇敬之中，“怀保小民，惠鲜鳏寡”，主张实施德政，并强调君德在政治中的重要作用。这一理念为后来儒家仁政德治理论的发展奠定了基础。

因此，从西周到春秋时期，道德的力量在政治伦理中持续积蓄并发挥着重要作用。德，逐渐被提升至国家基石的地位。在《左传·襄公二十四年》中，记载了子产对为政的范宣子所写的一段话：“夫令名，德之舆也。德，国家之基也。有基无坏，无亦是务乎！有德则乐，乐则能久。”此外，“德”还具体化为对君子人格要求的重要概念，并从中凝练出许多具体的价值。比如，《尚书·皋陶谟》中记载了九德：“宽而栗，柔而立，愿而恭，乱而敬，扰而毅，直而温，简而廉，刚而塞，强而义。”《周礼》提出“知、仁、圣、义、忠、和”六德。而我们最为熟悉的三达德——“知、仁、勇”，在春秋时期就已经成为儒家非常重要的道德价值观。

在战国时期诞生的《大学》篇中，执政者的德已经构成了儒家发扬人道精神的一个重要概念载体。它被要求、被阐发，被置于君子之道的核心位置。正是因为从周公旦开始，人们意识到了国运难测，出于政治家的忧患意识，反复强调天命来自君王之德。真正的仁民爱物才是君王保天命的法宝。因此，对君子而言，从本质上说，德的实质内容首先是仁民，而不是其他，这意味着要把老百姓当作人来对待，这不就是絜矩之道的体现吗？而其彰明出来的效果就是民心的聚散。因此，通过这句诗句来告诫君子民心的重要性，并由此引出了对重要概念“德”的深入探讨。接下来，我们将具体展开讲解这个“德”的内涵。

有德此有人，有人此有土，有土此有财，有财此有用。德者，本也；财者，末也。外本内末，争民施夺。是故财聚则民散，财散则民聚。是故言悖而出者，亦悖而入；货悖而入者，亦悖而出。

何谓慎德？即君子如何展现对道德的重视呢？那就是要理解四句话："有德此有人，有人此有土，有土此有财，有财此有用。"这一句朗朗上口，讲了对执政者来说，德、人、土、财、用五者之间的关系。作为执政者，并非单纯掌握土地就足够，而是首先要拥有劳动者，因为没有劳动者，土地就失去了意义。只有拥有百姓，土地才能发挥其价值，进而带来财富和实用的意义。因此，君子首先要有德，这种德就体现在儒家提倡的仁政上，即对百姓"人其人"，老百姓就会归附于你的国家。如果国君修德英明，那么读书人还会来投奔你，协助你实现治平事业。因此，执政者只有具备德，才有吸引力，使得国土得到人力的有效开发，自然就会带来财货税收。朱熹在《章句》中也指出："有国则不患无财用矣。"然而，国家拥有财货就足够了吗？显然不够！对于儒家而言，拥有财货并非君子的终极目标。更为重要的是如何运用这些财货，这又回归到君子的德行上。是将财货用于满足一己私欲，还是致力于治平的大业？这里涉及一个问题：德行究竟是手段还是目的？德行是仅仅作为政治手段来发财，还是治平的目的？从儒家的角度来看，德行可以治国，而治国的目的显然是为了彰显德行。因此，这里的"用"，自然是指追求儒家治平理想的一国之大用，与满足个人私欲之用截然不同。在这一点上，一个优秀的执政者与一个土财主的区别就显而易见了。以拥有财货为目的的是土财主，而以财货为手段、致力于治平大业之用的则是优秀的执政者。这种区别完全取决于个人对"止于至善"的理解。从君子之德与土财主之德的角度来看，两者的境界截然不同。当然，《大学》中的这句话主要是针对统治者阶层而言的。

因此，以德为"本"，就是把德看作一棵树能够生长的根；财为"末"，就是把财看作一棵树的枝叶。这个比喻很贴切，无根何来树木生长，又何来枝叶茂盛。如果执政者本末倒置，也即“外本内末”，意思是疏远、轻视德，亲近、重视财。如果执政者专注于扩充国家府库的财货，却导致老百姓生活得苦不堪言，那就相当于是与民争利，掠夺国民的财富，这无异于在教唆国民去劫夺财富。朱熹在《章句》中指出：“人君以德为外，以财为内，则是争斗其民，而施之以劫夺之教也。盖财者人之所同欲，不能絜矩而欲专之，则民亦起而争夺矣。”人人都渴望得到财富，执政者和老百姓都渴望得到财富，这本身无可厚非，但是执政者应该慎德以行絜矩之道，与民好恶。如果执政者只追求自己的私欲，与民争利，那么上行下效，民众自然也跟着争夺财富。当人人争财夺利时，这并不符合君子的至善理念，也不是所谓的治国平天下的行为。《论语·先进篇》里记载了这样一段，讲孔子的弟子冉求为季氏聚敛财富，孔子就怒斥冉求“非吾徒也”，并号召其弟子“小子鸣鼓而攻之可也。”冉求是孔子以政事才能著称的弟子，孔子自然对他寄予厚望，不想冉求违背了轻德重财之道，难怪孔子气得让大伙儿去攻击他。这里我们可以清晰地看到《大学》对儒家理念主张的高度概括。所以，《大学》为君子治国提供了具体的指导意见，那就是“散财”！这意味着执政者应该藏富于民，以此获得国治天下平。最后这一句“是故言悖而出者，亦悖而入；货悖而入者，亦悖而出。”是以言语出入作比喻，从反面来警告执政者关于财货出入的道理。这句话就是谆谆教导执政者，就和言语一样，你对别人说出蛮横的话，别人自然也会用蛮横的话回应你，不仅当面如此，背后也会和别人谈论你的蛮横。对财货问题也是同样的道理，如果执政者不遵循絜矩之道，也就是不按治国平天下的正道来获得财货，《大学》告诉你，那么你的财货最终也会通过同样的不正当手段被人掠走，最终导致众叛亲离，财散国亡。

《康诰》曰：“惟命不于常。”道善则得之，不善则失之矣。

《康诰》是《尚书·周书》中的一篇，主要记载了周公在兴师伐殷以后，将少弟康叔封于卫地，也即殷商遗民所居之地。由于周公旦担心康叔年轻，因此发表了这篇诰辞，教育卫康叔要探寻殷朝兴衰的原因，以务爱民。这里所引用的“惟命不于常”强调了之前提到的“峻命不易”的观点，意味着执政者必须勤政爱民、敬德保民，才能配得上授受天命，国治久安。这一观点在《大学》中也得到了反复的叮咛和强调，传达出情真意切的大道理：君子啊，必须谨慎修养德行、行善积德才能治理好国家，否则就可能导致国家的衰败和灭亡。

《楚书》曰:“楚国无以为宝，惟善以为宝。”

《楚书》，据郑玄注释，是记载楚昭王时期的史书，而朱熹则认为就是《楚语》。在《国语·楚语下》中，记载了相关事件的来龙去脉。大意是楚国大夫王孙圉在晋定公举办的宴会上，遇到了佩带着能发出声响的玉的晋国大夫赵简子。赵简子询问他，楚国的白珩是否为珍宝，并询问其价值。王孙圉回应说，楚国并不将白珩视为珍宝。楚国真正珍视的，是那些能辅助君王治国的人才，如观射父，他能发表训导和进行外交辞令，与各诸侯国进行交涉，确保国君不会陷入困境。此外，还有左史倚相，他能阐述先王的教诲和法规，分享成败的经验与教训，使国君不忘先王的基业，以及那些能为国家带来福祉和避免灾难的财富。这里引此句，是要说明对执政者而言，君子慎德行善的具体表现在于能否以善人为宝，而不是以珠宝财货为宝。执政者应重视选贤任能，让有用之人协助治国。若以珠宝财货为宝，那就不是慎德行善，反而可能导致国家的衰败和个人的毁灭。

舅犯曰:“亡人无以为宝，仁亲以为宝。”

舅犯是晋文公重耳的舅舅狐偃，字子犯。“亡人”即流亡的人，这里指的是重耳。在春秋时期，由于重耳之父晋献公听信了丽姬谗言，逼太子申生自缢。在骊姬之乱中，重耳被迫流亡在外，晋献公逝世。秦穆公得知此消息后，派人劝重耳乘此机会归国掌权。重耳将此事告诉了舅犯，于是有了这段对话。讲的是流亡在外的人没有什么宝，只有仁爱亲人的善心，欲以拒绝秦穆公的提议，后获得秦穆公的敬重。重耳共流亡了十九年，最终在公元前636年春，在秦穆公的支持下回到晋国，成为晋文公。晋文公在位期间任用贤能，实施了通商宽农等一系列政策，使得晋国的国力大增，成为春秋五霸中第二位霸主。此处引用此句，则是要阐述对执政者而言，君子慎德行善的具体在于自身能否以仁亲为宝，不以君位财富为宝，而晋文公的历史事实也证明了以德为先，则必得国。

四、分论三：君子爱恶忠信

【原文】

《秦誓》曰：“若有一个臣，断断兮，无他技，其心休休焉，其如有容焉。人之有技，若己有之；人之彦圣，其心好之。不啻若自其口出，寔能容之，以能保我子孙黎民，尚亦有利哉！人之有技，媢疾以恶之；人之彦圣，而违之俾不通。寔不能容，以不能保我子孙黎民，亦曰殆哉！”唯仁人放流之，迸诸四夷，不与同中国。此谓唯仁人为能爱人，能恶人。见贤而不能举，举而不能先，命也；见不善而不能退，退而不能远，过也。好人之所恶，恶人之所好，是谓拂人之性，菑必逮夫身。是故，君子有大道，必忠信以得之，骄泰以失之。

【解读】

这是本章的第三段，核心思想可以归纳为：君子只有爱憎分明、忠诚守信，才能真正辨善举贤，从而实现与民有利的治国大业。这一段实际上是从儒家的人才观出发，探讨执政者的忠诚守信之德与明辨是非的智慧，大致包含三层内容：首先，执政者必须具备懂得辨善恶、识贤达的能力，这对于治国平天下至关重要。这是真正做到与民同好恶，实现与民有利的必要条件。其次，执政者要懂得何为真正的“仁”，只有以此为基础，才能做出正确的价值判断。最后，倘若执政者能秉持尽己循物的真诚、客观的态度，所有行事均出于絜矩公心，而不是持骄傲逸泰的自大自私心态，才能做到以上两条。

《秦誓》曰：“若有一个臣，断断兮，无他技，其心休休焉，其如有容焉。人之有技，若己有之；人之彦圣，其心好之。不啻若自其口出，寔能容之，以能保我子孙黎民，尚亦有利哉！人之有技，媢疾以恶之；人之彦圣，而违之俾不通。寔不能容，以不能保我子孙黎民，亦曰殆哉！”

第三段落引《秦誓》中的这段话，想要阐述一个怎样新的观点呢？为了讲清楚，我们首先需要了解《秦誓》中秦穆公发表这段演讲的背景。《秦誓》是《尚书》的最后一篇，归于《周书》部分，也就是周朝文献。“誓”是一种具有强烈约束性的语言。秦誓是秦穆公在公元前627年崤之战失败后，对朝臣或将领们所作的一次演讲。秦穆公是春秋时期秦国的第九位君主，被誉为春秋五霸之一，他以重视人才而著称。在他继位后，任用百里奚、蹇叔、由余等谋臣来辅佐治国，使得国家实力日益增强。我们都知道，公元前221年，秦国在嬴政的领导下一统天下。在秦穆公在位时，凭借日益强盛的国力，他意图称霸中原。于是，他趁郑国和晋国的国君新丧之机，计划出兵越过晋国边境攻打郑国。然而，当时秦国的主政大夫蹇叔认为师出无名，因此不主张用兵。但秦穆公没有听从他的建议。公元前627年，晋襄公身着丧服帅师，在崤山一举歼灭了秦军。自此秦国东进称霸中原的路就被遏制住，只能向西发展。

所以，秦穆公对自己不听贤臣之劝的固执行为深感悔恨，正所谓“贪郑取败，悔而自誓”（《尚书正义》）。在《大学》里所引的这段文字的前一段秦穆公是这么讲的：“那些白发苍苍的善良老臣，虽然身体衰弱，我还是要亲近他们。健壮勇敢的武士，即便他们射箭、驾车的技艺都很高超，我还是不太喜欢。那些花言巧语的小人，使君子轻易迷惑，我竟然很亲近他们。”[①] 后一段文字也就是《秦誓》最后一段秦穆公这样讲道：“国家危险不安，往往由于一人，国家繁荣安宁，也主要由于一人的善良得当。”[②] 整篇《秦誓》内容言辞恳切，秦穆公作为一国之君能说出这样的话这在当时是十分可贵的。现在我们已经了解了背景，再来重点关注《大学》中引用的这段内容，其意义就变得非常清晰了。它讲述的是，君子治政必须有能力好贤容善，远离小人，否则徒有一匡天下的雄心也无法实现，反而可能导致将领士兵死伤无数，百姓遭殃。在这种情况下，谈何与民同心同德呢？那么，怎样的人是真贤善之人呢？有这样一个臣子，他真诚专一，虽然可能没有其他技能，但他心胸宽广，有着极大的包容心。当别人有技能时，他就好像是自己也拥有这些技能一样感到高兴；当别人良善明达时，他由衷地喜欢，这种喜欢不仅仅像他口中说出的那样，而是真正体现在他的行为上，他确实能够包容别人。这样的人，能够保护子孙和百姓！相反，怎样

---

① 李民，王健：《尚书译注》，上海古籍出版社，2004，第423页。

② 同上。

的人是害国害民的呢？如果别人有技能，他就心生嫉妒，厌恶别人；如果别人表现出善良和明达，他就试图压制和排挤，使别人的功绩无法被君主所知。这样的人不能包容他人，如果任用他，就不能保护子孙和百姓，甚至可以说是一种危险。这一段话不仅对国君有深刻的启示，对一般的执政者也同样具有重要意义。那些恃才傲物、无法容忍别人比自己优秀的人，即使有技能，也只是个人的技能，无法支撑起整个国家的治理大业。而一个可能没有特殊技能但心胸宽广、能够包容他人的人，却能够吸引各种人才共同治理国家大业。这样的人治理国家，国家如何能不昌盛呢？因此，心胸宽广是对执政者特别重要的品德，同时也是一种智慧。

秦穆公手下的百里奚和蹇叔就是秦穆公所言的这类臣子。秦穆公用五张羊皮换得百里奚，当时百里奚已经七十多岁了，但秦穆公仍然愿意把治国大权交给他，这充分体现了秦穆公对人才的重视。那蹇叔怎么会也成为秦国要臣呢？相传他是一个淡泊名利、有知人之明的隐士。是百里奚向秦穆公无私地举荐了他，甚至甘心辅佐蹇叔。在崤之役前夕，蹇叔担任秦国右相，他竭力劝阻秦穆公不要出兵。相传当时他的儿子也参战了，著名的"蹇叔哭师"的故事讲的就是这段历史。由此可见，不仅蹇叔，还有百里奚这样的人都可谓国之忠信。秦穆公在《秦誓》中表达的悔恨之情也是来自于他深刻的反思。作为一国之君，他固执己见，被个人的一己贪念蒙蔽，不容老臣忠言智言，这也是祸国殃民的。那么对于那些嫉贤妒能的臣子，应该怎么办呢？我们看下面这句：

唯仁人放流之，迸诸四夷，不与同中国。此谓唯仁人为能爱人，能恶人。

作为最高统治者或执政者，必须将那些祸国殃民的人流放出去，不让他们留在中原地区。执政者的身边应该留忠信之臣，而这一点只有真正的仁者才能做到。言下之意作为上位者倘若不修德，自己达不到真正的仁，那么他们就无法实现这一点。此外，这里还强调只有真正的仁者才懂得怎样爱人和憎恶人。这是为什么呢？因为倘若上位者不懂对执政者而言的“仁”的真谛——仁爱百姓和国治天下平，而只贪图满足自己的一己私欲，那么嫉贤妒能的人就会围绕在你身边。这些人会根据你的私欲来满足你、诱惑你，从而为他们自己谋取私利。而上位者就会错把这些人视为善良之人，并委以重任，这样的行为，岂不是对国家和人民的极大祸害吗？

辅佐齐桓公完成霸业的管仲，在临死前提醒齐桓公要远离三个小人。然而，齐桓公在管仲死后仍然重用他们，最后下场也是很凄凉。这三个小人是怎样的呢？第一个人叫易牙，他擅长庖厨。有一次，齐桓公开玩笑说自己已经吃遍了山珍海味，唯独不知道人肉的味道如何。结果，易牙就献了一盘蒸肉。齐桓公品尝后觉得十分美味，询问是什么肉。当得知这竟然是易牙三岁长子的肉时，桓公十分感动，称赞易牙是忠臣，认为他对自己的爱超过了父子之情，因此对他宠信有加。第二个人叫竖刁，是齐国的宦官，掌管后宫事务。为了接近齐桓公，他甘愿自宫，这也让齐桓公对他刮目相看，认为竖刁非常爱他。第三个人叫开方，是卫国长公子，作为人质留在齐国。他对齐桓公殷勤侍奉，鞍前马后，甚至母亲去世时都没有回国，因此也赢得了齐桓公的信任。然而，在管仲临死前，他却提醒齐桓公要远离这三个小人。齐桓公对此感到不解，他认为这些人对自己的爱已经超过了他们对父母子女的爱，如此忠心耿耿，怎么可能是小人呢？管仲给出的理由很简单：他们违背了人之常情，必然有巨大的私欲不为你所知。一个人竟然可以把自己的儿子煮了，一个人竟然愿意自宫，一个人母亲去世都可以不回去奔丧，这些都违背了人情常理，他们必然是贪图利益、心肠狠毒之人。

可惜，齐桓公在管仲死后没有听从他的劝告，最终落入了这三个人的手中。在齐桓公重病期间，他们隔断了他的内外联系，最后桓公被活活饿死。辨别善人和恶人真的难吗？如果齐桓公自己没有说出大逆不道的话要吃人肉，易牙会献上自己的儿子吗？如果内心公正、专注于治国平天下，齐桓公会把献上儿子当作是忠诚的表现吗？这就是因为自身的偏私之欲而受到了他人的迷惑。一个执政者如果内心向往的不是百姓的安乐而是自己的享受，就会导致这类事件的发生。

孔子有言："唯仁者能好人，能恶人。"（《论语·里仁篇》）这句话讲的也是这个道理。别人对你好，他就是好人，你就也对他好了吗？别人对你坏，他就是坏人，你就要厌恶他了吗？恐怕事情并非那么简单。以齐桓公为例，那三个人看似都对他很好，他就认为他们都是好人，但这是根据他个人的一己私利来进行的判断，而非基于君子之仁德。因此，他判断错了。这样的好恶是没有原则的好恶。要是执政者是这样的人，那就会失去主心骨，那国家在他手上也就离灭亡不远了！在孔子看来，这当然不是"仁"之举。"仁者"之所以为"仁者"，是因为他们能够"好"其所当"好"，能够"恶"其所当"恶"。对于那些"不仁"之举，他们能够鲜明地识别其善恶，并表达出其应得的厌恶，这就是"仁者"之所当为者。所以，我们现在可以理解为什么《大学》里要让嫉贤妒能的人不与同中国，作出这样决绝的道理了，这就是仁者恶其所当恶！由此，我们也可以看到，真正的仁，不仅仅只是一种仁民爱物的德，它必定还是一种能好好人，恶恶人的智慧，蕴含着公正之心、理性之心。治国者修德是为了辨善恶，然后以国治天下平来进一步彰明君子仁德的至善境界，这个过程永不止歇，这才是"止于至善"的真谛。

执政者怎么做就彰显了"仁"，就算"能好人，能恶人"呢？下面两句就从两个方面讲了"唯仁人能好人，能恶人"的具体落实：

见贤而不能举，举而不能先，命也；见不善而不能退，退而不能远，过也。

这句是“唯仁人能好人，能恶人”的具体落实的第一个方面：“仁人好人”就是把贤良的人极力地举荐上来。如果见到了贤良之人却不能举荐，或者举荐了却不能心胸宽广地让他先于自己受重用，这就是怠慢。这里的“命”，根据郑玄的注解，应读作“慢”，意为怠慢。“仁人恶人”，则是指要罢黜对国家百姓不善之人、有害之人，并使他们远离。如果看到不善之人却不罢黜，或者罢黜了还和他保持亲近，那就是执政者的过失，其严重程度甚至超过了怠慢。这样的君子就不能算是达到了仁的境界。

我们都非常熟悉“仁者爱人”这一句。那么，什么是仁？就是爱人。那什么是爱人呢？在孔子看来，把爱人理解为一个以博施济众、仁民爱物、平天下为己任的执政者，应该做到“举直错诸枉，能使枉者直”。(《论语·颜渊篇》) 这句是孔子对弟子樊迟关于“仁”的问题的回答。孔子的第一轮回答是“仁就是爱人”，樊迟并不完全理解，就把对话告诉了另一个孔子的弟子子夏。子夏听了樊迟和老师的对话，发出了感叹：“富哉言乎！舜有天下，选于众，举皋陶，不仁者远矣！汤有天下，选于众，举伊尹，不仁者远矣。”(《论语·颜渊篇》) 子夏理解了老师的意思，并感叹老师的回答含义深刻且丰富。他告诉樊迟，爱人就好比舜统治天下时，从众人中挑选并提拔了皋陶，这样坏人就难以存在了。同样地，汤统治天下时，从众人中挑选并提拔了伊尹，坏人也就难以存在了。一个执政者要赢得民心、使老百姓信服，就必须做到这一点：为了能够真正与民同好恶、使百姓日用充足、社会和谐，那就应该把正直的人提拔上来，放在邪曲的人之上，这样百姓就会信服了。

在儒家看来，执政者的道德品格必须是优秀的。上位者必须构建一个优秀的执政团队来管理国家，确保让正直的人掌握权力，这体现了上位者的仁。同时，一个具备仁德的下位者同样应能分辨是非曲直，这样就有可能使邪恶歪曲的人得到改正。通过这种方式，可以整体提升执政水平。所以，儒家的“仁”作为君子之至德，包含着能辨善恶的智慧，正所谓仁不离知，知不离仁。

好人之所恶，恶人之所好，是谓拂人之性，菑必逮夫身。

这句是“唯仁人能好人，能恶人”的具体落实的第二个方面：执政者不要违背人性。人性是爱好善而厌恶恶的，这是儒家性善论。因此，如果执政者的喜好与大多数人相反——大多数人喜好的，执政者却厌恶；大多数人厌恶的，执政者却喜好——这就是对人性的违背，将会招致灾难。在治国之道中，执政者手握大权，其善行能广泛造福天下，但其恶行同样能给天下带来深重的危害。因此，执政者在行使权力时必须非常谨慎。如果执政者仅凭个人主观意愿行事，不顾及百姓的感受和需求，甚至以牺牲百姓的利益来满足自己的喜好，那就是违背了人性向善的本性，不遵循絜矩之道，不与民同好恶。

是故，君子有大道，必忠信以得之，骄泰以失之。

这是第三段的最后一句，用以总结以上所言的结论。因此，君子是有大原则来好好恶恶的，是遵循大原则的，那就是依靠忠信。朱熹在《章句》中阐释道：“发己自尽为忠，循物无违谓信。骄者矜高，泰者侈肆。”这意味着，倘若执政者一心从治国平天下的目标出发，忠诚尽己，一片公心，毫无偏私之欲，就不会作出悖逆人性，戕害百姓和国家的事情来。同样，倘若执政者能够力戒骄奢放纵的享乐，对待治国理政从来都是谦虚认真、持久耐心，那他必定能实现国治天下平的理想。

五、分论四：君子以义为利

【原文】

生财有大道：生之者众，食之者寡；为之者疾，用之者舒，则财恒足矣。仁者以财发身，不仁者以身发财。未有上好仁，而下不好义者也；未有好义，其事不终者也；未有府库财，非其财者也。孟献子曰："畜马乘，不察于鸡豚；伐冰之家，不畜牛羊；百乘之家，不畜聚敛之臣，与其有聚敛之臣，宁有盗臣。"此谓国不以利为利，以义为利也。长国家而务财用者，必自小人矣。彼为善之，小人之使为国家，菑害并至。虽有善者，亦无如之何矣！此谓国不以利为利，以义为利也。

【解读】

这是第八章的第四段，核心思想可以归纳为：君子以治国平天下为己任，因此应以义为利，掌握生财大道，才能让国家财用充足，让百姓过上好日子。这是治国平天下的大根本，絜矩之道、与民同好恶的真正落实处。为此，君子要讲大利，国家之利就是君子之义，这是大学之道的终极善，大学之"大"即在于此。

> 生财有大道：生之者众，食之者寡；为之者疾，用之者舒，则财恒足矣。

朱熹在《章句》中引用了吕大临的话来解释足国之道："吕氏曰：'国无游民，则生者众矣；朝无幸位，则食者寡矣；不夺民时，则为之疾矣；量入为出，则用之舒矣。'愚按：此因有土有财而言，以明足国之道在乎务本而节用，非必外本内末而后财可聚也。"朱熹进一步阐释，这些话表明足国之道的关键在于务本而节用，务本，即以小农经济为生产方式的古代中国，百姓力营农桑之事。节用，即国君、朝臣等执政者能够量入为出。用现代语言来说，生财的大道就在于妥善处理好生产和消费之间的关系。若解决得好，则财恒足；若解决得不好，则财不恒足。儒家讲务本节用，既重视富国强本，又很重视节用。如《论语·学而篇》所言："节用而爱人，使民以时"，这对于国家财富的持续增长至关重要。这是一种非常朴实的经济观念，与现今通过消费刺激生产的逻辑截然不同。

仁者以财发身，不仁者以身发财。

此句对执政者的要求非常高，《大学》在此并没有以功利主义的逻辑进行论证，即并非因为"以财发身"能带来实际利益而应该去做。相反，这里更像是在确立一个仁者的典范与标准。对于君王和执政者们来说，如果他们希望成为真正的仁者，那么就应该遵循这样的行为准则。这一句以"仁者"起头，描述的是儒家心中的最高理想人格，即仁者是怎样去做的。这无疑是对执政者在治国平天下道路上的一个极高标准。这里的"仁"与我们上一段落中提到的"仁"含义相同，它不仅仅指简单地爱他人，而是从儒家最关心的治国平天下的目的出发，实现"国家富足，社会安定，天下百姓有养有教"的博爱精神，即：博施济众。广泛施予、救济众人。

因此，《大学》是以这样的仁者标准来要求执政者，告诉他们真正的仁者会如何使用财富来造福人民。他在这个施予的过程中，仁者并不是为了炫耀自己的道德名声，而是通过自己的实际行动来彰显大道，而是正所谓“人能弘道，非道弘人”。只有通过这种方式，才能在天下彰显明德，引导天下万众向善，实现真正的太平。仁者并不追求虚名，而是真心实意地为民服务。相反，不仁者会利用自己所拥有的名、利、权来追求财富，甚至不惜将自身、百姓与国家置于危险之中，这就是不仁。在这里，我们并不讨论道德与财富的先后或内外关系，而是强调仁者以其智慧一心为公，实现百姓所愿，摒弃百姓所恶。

> 未有上好仁，而下不好义者也；未有好义，其事不终者也；未有府库财，非其财者也。

这一句是跟着上一句来讲的，意思是如果君王和执政者们对百姓行仁，那么百姓就没有不报之以忠义的。在这样的仁政之下，不会出现百姓不尽其职责的情况；同时，国家府库中的财富也不会因为君王好仁而被掠夺。这深刻体现了儒家对仁政的坚定信仰。

> 孟献子曰："畜马乘，不察于鸡豚；伐冰之家，不畜牛羊；百乘之家，不畜聚敛之臣，与其有聚敛之臣，宁有盗臣。"此谓国不以利为利，以义为利也。

孟献子是鲁国大夫，《大学》在这里引用他的话，意思是说：那些拥有马匹车辆的士大夫家，就不该去计较喂鸡喂猪的小利；丧礼能够用冰的卿大夫之家，就不该饲养牛羊去牟利；而那些拥有百辆兵车的有领地的卿大夫之家，就更不应该任用那些聚敛民财的家臣；与其有这种聚敛民财的大臣，还不如有偷盗自家财物的臣子。这里所强调的是，作为一个以仁者为榜样的人，应根据自己的身份、地位及与之匹配的能力，来做出相应的行为。

如果你是种地谋生的普通百姓，那么你自然会每天纠结于几只鸡、几头猪这样的生计问题，因为这是一个普通劳动者的生计保障。但如果你已经成为士大夫了，那就不该再去计较这些小利。士大夫已经纳入谋道不谋食的行列了，所以孔子的弟子樊迟要向孔子学稼，也就是希望向老师学农事，孔子这么回答："吾不如老农。"樊迟没听明白孔子回答背后的意思，继续请学为圃，就是学种菜。孔子继续回答："吾不如老圃。"等樊迟离开后，孔子竟然评价樊迟说："小人哉，樊须也！"注意，这里的"小人"，不是道德意义上的小人，而是指普通的老百姓。因为君子谋道不谋食，而小人谋食不谋道。"子曰：上好礼，则民莫敢不敬；上好义，则民莫敢不服；上好信，则民莫敢不用情。夫如是，则四方之民襁负其子而至矣，焉用稼？"（《论语·子路篇》）孔子的理由是一个君子应该学礼，学义，学信，以求治国平天下之道，而不是学农。因此，在儒家看来，学农弄圃都是小学，君子之学是谓大学。当执政者拥有高位的权力和地位时，如封地的卿大夫，他们就不应该再与民争利。这里以一种夸张的说法来说明这个道理：宁可有偷盗自家财物的盗臣，也不要有为自己去搜刮百姓、聚敛财富的聚敛之臣。因为前者只损害自家的利益，而后者损害整个天下的利益。这些观点都是以仁者为标准来讲的。因此，治国理政的人不能以私利为利，而应该以道义为利。一个治理国家的君王或执政者应该没有私利之心，只有公心。以道义为利的实质是：国家天下之利就是君子之义。这是大学之道的终极善，大学之"大"即在此。

长国家而务财用者，必自小人矣。彼为善之，小人之使为国家，菑害并至。虽有善者，亦无如之何矣！此谓国不以利为利，以义为利也。

这一段是重申并再次警告：如果执政者利用其权力专门聚敛财富，那必定是受到了小人的诱惑。如果让小人来治理国家，灾与害将一起降临，到那时候，将束手无策、无法挽回。《大学》以儒家的义利之辨作为结尾，很有深意。

六、小结："治国平天下"对当代大学生的启示

通过本章的学习，我们能够在历史背景下大致理解儒家"治国平天下"的现实关怀和核心主张：第一，治国平天下是儒家思想的核心，也是《大学》之"大"的本意所在。大学之道即君子之道，《大学》里的"君子"是指当时的统治阶层的人，还包括那些有志于、可能或即将进入统治阶层的人士，即未来的执政者。第二，君子治国平天下要与民同好恶，为此君子要掌握并实践一条大法则，即絜矩之道。絜矩之意的出发点源自儒家的恕道，即"己所不欲，勿施于人"，但其落脚点则在于儒家的仁政理念。因此，絜矩也有均平天下，公平公正的实际价值，这种公平公正其实就是"仁"。第三，对一个统治者而言，恪守"与民同好恶"，行絜矩之道没那么容易，它是一种道德要求，更是一种需要通过实践来培养的道德能力。具体而言，这种实践包括三个方面：一是慎德行善，二是爱恶忠信，三是以义为利。只有做到以上这几点，才能真正实现国治天下平。

我们今天来读这一章节，对青年大学生来说，仍不乏重要的现实意义：

首先是儒家治平理想的现实关怀。这一理想起源于西周时期，以周公旦为代表的德治主义治平理想就来自对"峻命不易"的深刻反思，这就是儒家思想的源头。孔子创立的儒家强调"仁民"，孟子倡导"仁政"、荀子讲求"富国"、董仲舒提出"三纲领"理论，而朱熹更是将《大学》推崇为"四书"之首。这些都是为了延续并实现这一治平理想，确保它不仅仅停留

在理论层面，而是能够真切地关怀现实，避免理想仅仅成为悬浮于头脑中的抽象思想体系。儒家思想不仅被凝练在经典文本里，更在各个时代的儒者身上得到生动的体现。这些儒者，不仅包括儒家学派中的先贤，比如孔子、孟子，还有许许多多尊崇儒学、精通儒家经典的读书人。他们可以是地方上践行絜矩之义，造福一方百姓的那个人，他们也可以是在民族危亡时刻，救国救民于水火的那个人。当然，在今天，他们还可以是求知若渴、关心世界的大学生。可以说，历代儒者们对现实的关怀汇聚成家国情怀与责任担当，让我们这个民族的生命力不断地、富有希望地朝向未来敞开。在今天乃至未来，儒家一以贯之的治平理想将继续启迪每一代中国人，将"本来"与"未来"紧密相连，成为中华民族伟大复兴的强大精神力量，也是每个中国人安身立命的精神传统。我们可能会好奇，在儒、释、道三家中，为何儒家会如此坚定地具有入世精神？其所有的实践都要与"开物成务"紧密相连？为何真正的儒者总能展现出积极进取、乐观勇敢的生命状态？这是因为对任何一个伟大而深沉的民族来说，只要它的文明依然熠熠生辉，那么它就必然拥有一条具有强烈现实关怀治平理想的"精神大河"。并且这条大河是这个民族的"精神母亲河"。而在中国的特定历史与文化背景下，这条大河被赋予了"儒"的名称。我们不妨一同探寻，在今天，谁是你心目中拥有这种精神脉象的儒者。

其次是儒家絜矩精神的时代价值。"絜矩"这个词汇对于今天的大学生来说可能比较陌生，因为在我们日常生活中很少使用它。然而，曾经"絜矩"是儒家君子之道一个很重要的概念，其所蕴含的深意如今仍然存在于我们的日常生活中，只是被遮蔽了而已。今天，我们重新学习絜矩这个概念，希望能够将这些散落的深意逻辑地组合在一起，因为它们的组合对我们今天追求的美好生活具有非常重要的时代价值。在《大学》中，絜矩不仅体现了君子对民众的恕道，也代表了君子对民众的公平公正，更是君子对民众仁爱的具体落实。它是那个时代统治阶层自我要求的治道。如今，如果每个社会成员都能领会絜矩的要义，那么在今天这样多元化的现代社会中，它就有可能成为我们主流价值观赖以生长的重要共识基础，并必然发挥出新时代治平天下的整合力量。

第三是儒家为人处世的格局境界。在《大学》成书的年代，君子与小人的称呼在很大程度上仍然与身份等级相关，君子指的是圣贤之人，而小人则指的是民众。君子追求道义，小人追求利益，这在当时是理所当然的。小人依赖君子的保护，这也彰显了君子的仁德。因此，君子的格局和境界自然不同于小人。然而，这样的观念来源于特定的时代和经济生产方式。如今，我们生活在一个比以往任何时代都更加平等、民主的社会。我们都是人民中的一员，这个共同体的未来不再取决于少数人，而是取决于我们每个青年人。我们每个人都有可能成为君子，这里的君子并非指做官的人，而是指以天下为己任的人。因此，我们是否愿意成为大鹏还是斑鸠，完全取决于我们自身的格局和境界。

儒家的精神告诉我们，宽容是这个新时代儒者对待他人的态度，而自我追求则始终是“为仁由己”。我们越能认识到时代变化中强大的使命召唤，就越能构建出人生的意义和稳定的幸福感，进而提升我们的生命智慧。生命的意义和稳定的人生幸福感本质上并不依赖于那些人们无法控制的外在事物，这些外在事物既包括个体本身的先天因素，也包括物质利益和财富。相反，生命的意义和稳定的幸福感在于自觉意识到个人是社会的一部分，并为了人类的美好生活，为了人们能够更有尊严、更自由地生存而奋斗不息的使命中。

所以，同学们，希望我们能够成为这个民族生生不息的精神脉象的传承者。最后，让我们重温鲁迅先生的这句话：“无限的远方，无数的人们，都与我有关”，以此来结束我们对本章的解读。

思考与讨论题

1. 请搜集资料谈一谈老子《道德经》第六十章提出的“治大国若烹小鲜”与本章“絜矩之道”有何共通之处？

2. 通过本章的学习，请谈一谈儒家是怎样看待财富的？对你有什么启发吗？

3. “生财有大道”所主张的务本节用思想，从今天来看，对人类长远发展具有现实意义吗？为什么？

参考书目

1. 朱熹 . 四书章句集注 [M]. 北京：中华书局，2001.

2. 李申 . 简明儒学史 [M]. 北京：中国人民大学出版社，2006.

3. 陈来，王志民 . 大学解读 [M]. 济南：齐鲁书社，2019.